Taylor | Menschenrechte, Religion, Gewalt

Charles Taylor

Menschenrechte, Religion, Gewalt

Drei Essays

Übersetzt von Ute Kruse-Ebeling
und Holger Hanowell

Herausgegeben von Michael Kühnlein

Reclam

RECLAMS UNIVERSAL-BIBLIOTHEK Nr. 14196
2021 Philipp Reclam jun. Verlag GmbH,
Siemensstraße 32, 71254 Ditzingen
Gestaltung: Cornelia Feyll, Friedrich Forssman
Druck und Bindung: Eberl & Koesel GmbH & Co. KG,
Am Buchweg 1, 87452 Altusried-Krugzell
Printed in Germany 2021

ISBN 978-3-15-014196-0

Auch als E-Book erhältlich

www.reclam.de

Inhalt

Bedingungen für einen freiwilligen Konsens über Menschenrechte

Einleitung

Was würde es bedeuten, zu einem echten, freiwilligen internationalen Konsens über Menschenrechte zu gelangen? Vermutlich käme es dem nahe, was Rawls in seinem Buch *Political Liberalism* als »übergreifenden Konsens« beschreibt.[1] Das heißt: Verschiedene Gruppen, Länder, religiöse Gemeinschaften und Kulturen würden sich trotz ihrer unvereinbaren Grundauffassungen über Theologie, Metaphysik, die menschliche Natur usw. auf bestimmte Normen menschlichen Verhaltens einigen. Alle würden dies auf ihre je eigene Art aus ihrer tieferen Grundanschauung heraus begründen. Wir würden uns auf diese Normen einigen, obwohl wir unterschiedlicher Meinung darüber wären, warum es sich um die richtigen Normen handelt, und wir wären ungeachtet der unterschiedlichen zugrundeliegenden tieferen Überzeugungen dazu bereit, mit diesem Konsens zu leben.

Die Idee wurde bereits 1949 von Jacques Maritain formuliert:

> Ich bin mir ziemlich sicher, dass meine Art, den Glauben an die Menschenrechte und das Ideal der Freiheit, Gleichheit und Brüderlichkeit zu begründen, die einzige ist, die

1 John Rawls, *Political Liberalism*, New York: Columbia University Press, 1993, IV. Vorlesung. [Dt.: *Politischer Liberalismus*, übers. von Wilfried Hinsch, Frankfurt a. M. 1998, 4. Vorlesung: Die Idee eines übergreifenden Konsenses, S. 219–265.]

> sich fest auf Wahrheit gründet. Das hält mich nicht davon ab, bei diesen praktischen Überzeugungen mit Menschen übereinzustimmen, die sich ihrerseits sicher sind, dass ihre eigene Art, sie zu begründen, die sich von meiner grundlegend unterscheidet oder ihr gar entgegengesetzt ist, […], gleichermaßen die einzige ist, die sich auf Wahrheit gründet.[2]

Ist eine solche Art von Konsens möglich? Davon bin ich überzeugt, vielleicht wegen meiner optimistischen Natur. Doch wir müssen von vornherein zugeben, dass nicht ganz klar ist, worum sich der Konsens bilden würde, und wir beginnen gerade erst die Hindernisse zu erkennen, die wir auf dem Weg dorthin überwinden müssten. Ich möchte hier ein wenig über diese beiden Themen sprechen.

Zunächst: Worum würde es bei diesem Konsens gehen? Man könnte meinen, dies sei offensichtlich: um Menschenrechte. Darum ging es in unserer ursprünglichen Frage. Doch es gibt ein unmittelbares Hindernis, auf das schon häufig hingewiesen wurde. Der Rechtsdiskurs hat seinen Ursprung in der westlichen Kultur. Bestimmte Merkmale dieses Diskurses wurzeln in der westlichen Geschichte, und zwar dort allein. Das bedeutet nicht, dass etwas sehr

2 Aus der Einleitung, in: UNESCO, *Human Rights Comments and Interpretations*, London: Allan Wingate, 1949, S. 10 f.; zit. in: Abdullahi An-Na'im, »Towards a Cross-Cultural Approach to Defining International Standards of Human Rights: The Meaning of Cruel, Inhuman, or Degrading Treatment or Punishment«, in: Abdullahi Ahmed An-Na'im (Hrsg.), *Human Rights in Cross-Cultural Perspectives*, Philadelphia: University of Pennsylvania Press, 1992, S. 28 f.

Ähnliches wie die zugrundeliegenden Normen, die in Rechtskatalogen zum Ausdruck kommen, nicht auch anderenorts auftauchen würden, doch werden sie dann nicht in dieser Sprache ausgedrückt. Wir können nicht ohne weiterreichende Prüfung unterstellen, dass ein zukünftiger freiwilliger Weltkonsens zur Zufriedenheit aller in der Sprache der Rechte formuliert werden konnte. Vielleicht ginge das, vielleicht auch nicht. Oder vielleicht auch zum Teil, zum Teil aber nicht, wenn wir zwischen den Dingen, die im westlichen Rechtspaket miteinander verknüpft wurden, unterscheiden.

Das soll nicht heißen, dass wir bereits irgendeinen angemessenen Begriff für etwaige Universalien haben, die wir zwischen verschiedenen Kulturen erkennen zu können vermeinen. Jack Donnelly spricht von »Menschenwürde« als einem universellen Wert.[3] Onuma Yasuaki kritisiert diesen Begriff, indem er darauf hinweist, dass die »Würde« selbst ein Lieblingsbegriff in derjenigen westlichen philosophischen Strömung gewesen ist, die Menschenrechte ausgearbeitet hat. Er zieht es vor, vom »Streben nach spirituellem und materiellem Wohlergehen« als der Universalie zu sprechen.[4] Während »Würde« ein vielleicht zu streng umgrenzter und kulturgebundener Begriff ist, könnte »Wohlergehen« zu vage und allgemein sein. Vielleicht sind wir zum gegenwärtigen Zeitpunkt noch nicht in der Lage,

3 Jack Donnelly, *Universal Human Rights in Theory and Practice*, Ithaca: Cornell University Press, 1989, S. 28–37.

4 Vgl. Kap. 4. [Onuma Yasuaki, »Toward an Intercivilizational Approach to Human Rights«, in: Joane R. Bauer / Daniel L. Bell, *The East-Asian Challenge for Human Rights*, Cambridge 1999. S. 103–123.]

die universellen Werte, die hier im Spiel sind, zu formulieren. Vielleicht werden wir nie dazu in der Lage sein. Das würde nichts ausmachen, denn was wir für einen übergreifenden Konsens formulieren müssen, sind bestimmte Verhaltensnormen. Es scheint durchaus Grund zu der Hoffnung zu geben, dass wir zumindest eine gewisse Einigung über diese Normen erzielen können. Für Genozid, Mord, Folter und Sklaverei wie auch zum Beispiel für das ›Verschwinden‹ und Erschießen unschuldiger Demonstranten wird man Verurteilungen vermutlich in allen Kulturen finden.[5] Die tieferen zugrundeliegenden Werte, die diese gemeinsamen Schlussfolgerungen stützen, werden naturgemäß zu den alternativen, wechselseitig unvereinbaren Begründungen gehören.

Ich habe zwischen Verhaltensnormen und der ihnen zugrundeliegenden Begründung unterschieden. Die westliche Rechtstradition existiert tatsächlich auf beiden dieser Ebenen. Auf der einen Ebene handelt es sich um eine Rechtstradition, die bestimmte Arten von Gerichtsverfahren legitimiert und bestimmte Arten von Menschen dazu ermächtigt, die Verfahren anzustrengen. Wir könnten, und bisweilen geschieht dies auch, diese Rechtskultur als geeigneten Kandidaten für eine Universalisierung betrachten und behaupten, dass sich auf verschiedene Weise begründen lässt, warum man sie übernehmen sollte. Dann würde eine Rechtskultur, die Rechte verankert, diejenigen Nor-

5 Vgl. Sidney Jones, »The Impact of Asian Economic Growth on Human Rights«, in: *Asia Project Working Paper Series*, New York: Council on Foreign Relations, Januar 1995, S. 9.

men definieren, um die herum sich der Weltkonsens mutmaßlich herausbilden würde.

Einige haben schon mit diesem Punkt Schwierigkeiten, wie etwa Lee Kuan Yew und diejenigen in Ostasien, die seine Ansichten teilen. Sie erkennen in dieser westlichen Rechtskultur etwas gefährlich Individualistisches, Fragmentierendes, etwas, das die Gemeinschaft zersetzt. (Natürlich haben sie dabei insbesondere die Vereinigten Staaten im Kopf bzw. vor Augen.)[6] Bei ihrer Kritik der westlichen Verfahrensweisen scheinen sie auch die diesen zugrundeliegende Philosophie anzugreifen, die dem Individuum vermeintlich einen Vorrang einräumt, während eine ›konfuzianische‹ Perspektive angeblich der Gemeinschaft und dem komplexen menschlichen Beziehungsnetz, in dem jede Person steht, größeren Raum geben würde.

Die westliche Rechtstradition umfasst auch bestimmte Ansichten über die menschliche Natur, die Gesellschaft und das menschliche Gute und führt einige Elemente einer zugrundeliegenden Begründung mit sich. Für die Erörterung könnte es hilfreich sein, diese beiden Ebenen zumindest

6 »Ich halte Teile [des Amerikanischen Systems] für vollkommen inakzeptabel: Waffen, Drogen, Gewaltverbrechen, Vagabundentum, ungebührliches Verhalten in der Öffentlichkeit – kurz gesagt: der Zusammenbruch der bürgerlichen Gesellschaft. Die Ausweitung des Rechts des Individuums, sich so zu verhalten oder fehlzuverhalten, wie es will, ging zu Lasten der geordneten Gesellschaft. Im Osten besteht das Hauptziel in einer wohlgeordneten Gesellschaft, so dass alle ihre Freiheiten maximal genießen können. Diese Freiheit kann nur in einem geordneten Staat und nicht im Naturzustand des Streits existieren.« Fareed Zakaria, »Culture Is Destiny: A Conversation with Lee Kuan Yew«, in: *Foreign Affairs* (März/April 1994) S. 111.

analytisch voneinander zu unterscheiden, damit wir uns eine genauere Vorstellung davon machen können, welche Optionen wir haben. Vielleicht würde die Rechtskultur tatsächlich besser damit ›fahren‹, wenn sie von einigen ihrer zugrundeliegenden Begründungen getrennt werden könnte. Vielleicht ist aber auch das Gegenteil der Fall, dass die zugrundeliegende Vorstellung vom menschlichen Leben weniger beängstigend erscheinen könnte, wenn sie ihren Ausdruck in einer anderen Rechtskultur fände. Möglicherweise funktioniert aber auch keine dieser einfachen Lösungen (was meine Vermutung wäre), sondern es müssen auf beiden Ebenen Änderungen vorgenommen werden. Dennoch ist es hilfreich, die Ebenen voneinander zu unterscheiden, weil die Änderungen auf jeder Ebene unterschiedlich sind.

Auf jeden Fall wäre es sinnvoll, die Erörterung mit einem kurzen Überblick über die Sprache der Rechte bzw. den Rechtsdiskurs, der sich im Westen entwickelt hat, sowie über die mit ihm verbundenen Vorstellungen vom menschlichen Handeln und dem Guten zu beginnen. In einem nächsten Schritt könnten wir dann bestimmte zentrale kulturübergreifende Differenzen ermitteln und sodann erkennen, was man überhaupt tun könnte, um diese Unterschiede zu überbrücken.

Der Rechtsdiskurs

Viele Gesellschaften waren der Meinung, dass es gut sei, ihren Mitgliedern bestimmte Sicherheiten oder Freiheiten zu gewährleisten – oder manchmal sogar Fremden (man denke an die strikten Gesetze der Gastfreundschaft, die in vielen traditionellen Kulturen gelten). Überall ist es falsch, ein Menschenleben zu nehmen, zumindest unter bestimmten Umständen und bezogen auf bestimmte Personengruppen. Falsch ist das Gegenteil von richtig oder recht, von daher ist es relevant für unsere Erörterung.

Ein ganz anderer Sinn des Wortes ›recht‹ wird herangezogen, sobald wir den bestimmten oder unbestimmten Artikel verwenden, wir das Wort in den Plural setzen und von ›einem Recht‹ oder ›Rechten‹ sprechen oder diese Rechte Personen zuschreiben und von ›deinen Rechten‹ oder ›meinen Rechten‹ sprechen. Dadurch führt man sogenannte ›subjektive Rechte‹ ein. Anstatt zu sagen, dass es falsch ist, mich zu töten, beginnen wir mit der Feststellung, dass ich ein Recht auf Leben habe. Die beiden Formulierungen sind nicht in jeder Hinsicht gleichbedeutend, weil im letzteren Fall die Sicherheit oder Freiheit gewissermaßen als Eigentum von jemandem betrachtet wird. Sie ist nicht länger nur ein Bestandteil des Gesetzes, das gleichermaßen über und zwischen uns allen steht. Dass ich ein Recht auf Leben habe, sagt mehr aus, als dass du mich nicht töten solltest. Es gibt mir eine gewisse Kontrolle über diese Sicherheit. Ein Recht ist etwas, auf das ich im Prinzip verzichten kann.[7] Zudem ist es etwas, bei dessen Durchsetzung ich eine Rolle spiele.

Ein Element des subjektiven Rechts findet sich in allen Rechtssystemen. Die Besonderheit des Westens besteht erstens darin, dass das Konzept eine größere Rolle in mit-

7 Weshalb Locke ein einschränkendes Adjektiv einführen musste, um diese Option des Verzichts zu verhindern, als er von den »unveräußerlichen Rechten« sprach. Der Begriff der Unveräußerlichkeit hatte keinen Platz im früheren Naturrechtsdiskurs, weil dieser über keine Möglichkeit des Verzichts verfügte.

telalterlichen europäischen Gesellschaften spielte als anderswo in der Geschichte, und zweitens, dass es die Grundlage für die Neuschreibung der Naturrechtstheorie darstellte, die das 17. Jahrhundert kennzeichnet. Die frühere Vorstellung, dass die menschliche Gesellschaft unter einem natürlichen Gesetz stehe, dessen Ursprung der Schöpfer sei und daher den menschlichen Willen übersteige, wurde ausgetauscht. Das grundlegende Gesetz wurde so neu konzipiert, dass es aus natürlichen Rechten besteht, die den Individuen bereits vor der Gesellschaft zuerkannt werden. Am Ursprung der Gesellschaft steht ein Vertrag, der die Menschen aus einem Naturzustand herausführt und sie infolge eines Akts der Zustimmung ihrerseits einer politischen Autorität unterstellt.

Subjektive Rechte sind nicht nur von entscheidender Bedeutung für die westliche Tradition; noch bedeutsamer ist die Tatsache, dass sie auf die Natur projiziert wurden und die Grundlage für eine philosophische Auffassung von Menschen und ihrer Gesellschaft bildeten, die die Freiheit des Individuums und sein Recht, den Regelungen, unter denen es lebt, zuzustimmen, stark privilegiert. Diese Auffassung hat sich zu einem bedeutenden Strang in der westlichen Demokratietheorie der vergangenen drei Jahrhunderte entwickelt.

Der Begriff der (subjektiven) Rechte dient sowohl dazu, bestimmte rechtliche Befugnisse zu definieren, als auch dazu, die Blaupause für eine Philosophie der menschlichen Natur, der Individuen und ihren Gesellschaften bereitzustellen. Sie wirkt sowohl als Rechtsnorm als auch als zugrundeliegende Begründung. Darüber hinaus sind diese beiden Ebenen nicht unverbunden. Die Kraft der zugrundeliegenden Philosophie hat zu einer stetigen Förderung der Rechtsnorm in unseren politisch-rechtlichen Systemen geführt, so dass sie nun in einigen zeitgenössischen Gemeinwesen eine vorrangige Stellung einnimmt. Rechtschartas finden sich nunmehr in den Verfassungen mehrerer Staaten und auch in der Verfassung der Europäischen Union verankert. Sie bilden die Grundlage für gerichtliche Überprüfungen, durch die die gewöhnliche Gesetzgebung verschiedener Regierungsebenen für ungültig erklärt werden kann, sollte sie im Widerspruch zu diesen Grundrechten stehen.

Der moderne westliche Rechtsdiskurs umfasst einerseits eine Reihe von Rechtsformen, durch die Sicherheiten und Freiheiten als Rechte verbrieft werden; das hat bestimmte Folgen für die Möglichkeit, auf sie zu verzichten, sowie für die Art, wie sie gewahrt werden können – ob diese Sicherheiten und Freiheiten zu denjenigen gehören, die von Zeit zu Zeit von einer rechtmäßig konstituierten Autorität gewährt werden oder zu jenen, die im Grundgesetz verankert sind. Andererseits umfasst der Diskurs eine Philosophie der Person und der Gesellschaft, die dem Individuum eine große Bedeutung beimisst und wichtige Angelegenheiten von dessen Zustimmungsfähigkeit abhängig macht. In beiderlei Hinsichten steht er im Gegensatz zu vielen anderen Kulturen, darunter auch dem vorneuzeitlichen Westen, und zwar nicht deshalb, weil einige ebensolche Schutzvorkehrungen und Sicherheiten nicht vorhanden gewesen wären, sondern weil sie auf einer ganz anderen Grundlage fußten.[8]

8 Laut Louis Henkin, »The Human Rights Idea in Contemporary China: A Comparative Perspective«, in: R. Randle Edwards / Louis Henkin / Andrew J. Nathan, *Human Rights in Contemporary China,* New York: Columbia University Press, 1986, S. 21: »In der

Wenn Menschen gegen das westliche Rechtsmodell protestieren, dann scheinen sie dieses ganze Paket vor Augen zu haben. Wir können daher verstehen, wie der Widerstand gegen den westlichen Rechtsdiskurs auf mehr als nur einer Ebene auftreten kann. Einige Regierungen widersetzen sich vielleicht deshalb der Durchsetzung von weithin akzeptierten Normen, weil sie selbst Ziele verfolgen, die deren Verletzung beinhaltet (zum Beispiel die gegenwärtige Volksrepublik China). Andere sind jedoch sicherlich bereit und sogar begierig darauf, sich für einige universelle Normen einzusetzen, doch bereitet ihnen die zugrundeliegende Philosophie der menschlichen Person in der Gesellschaft Unbehagen. Diese scheint autonomen Individuen, die entschlossen sind, ihre Rechte einzufordern, einen Vorrang einzuräumen, sogar (gerade) trotz eines weitgehenden gesellschaftlichen Konsenses. Wie passt das mit der konfuzianischen Betonung enger persönlicher Bezie-

chinesischen Tradition stand das Individuum nicht im Mittelpunkt, und es existierte keine Vorstellung von individuellen Rechten in dem Sinne, wie sie die Vereinigten Staaten kennen. Die Partizipation des Individuums an der Gesellschaft war nicht freiwillig und die Legitimität der Regierung hing nicht von der Zustimmung des Individuums oder der Zustimmung des ganzen Volkes von Individuen ab. […] Im traditionellen China ging es nicht um individuelle Freiheit oder Gleichheit, sondern um Ordnung und Harmonie, nicht um individuelle Unabhängigkeit, sondern um Selbstlosigkeit und Kooperation, nicht um individuelle Gewissensfreiheit, sondern um Übereinstimmung mit der orthodoxen Wahrheit. […] Das Ziel der Gesellschaft bestand nicht darin, die individuelle Freiheit zu bewahren und zu befördern, sondern die Harmonie der hierarchischen Ordnung aufrechtzuerhalten und dafür Sorge zu tragen, dass die Wahrheit sich durchsetzte.«

hungen zusammen, die nicht nur an sich hochgeschätzt werden, sondern auch als Vorbild für die breitere Gesellschaft? (Vgl. Kap. 9.) Können Menschen, die das westliche Menschenrechtsethos in vollem Umfang übernehmen, das seinen höchsten Ausdruck in dem einsamen mutigen Kampf des Individuums für seine Rechte, gegen alle Kräfte sozialer Konformität findet, jemals gute Mitglieder einer ›konfuzianischen‹ Gesellschaft sein? Wie passt diese Ethik, in der man das einfordert, was einem zusteht, zu der Theravada-buddhistischen Suche nach dem Nicht-Selbst, nach Selbstgebung und *dana* (Großzügigkeit)?[9]

Das Rechtspaket als Ganzes zu übernehmen ist nicht unbedingt falsch, weil die Philosophie offenkundig ein Teil dessen ist, was den großen Aufstieg dieser Rechtsform motiviert hat. Doch zeigen Bedenken, wie sie im vorangegangenen Absatz geäußert wurden und nicht leicht von der Hand zu weisen sind, welche möglichen Vorteile es hat, zwischen den Elementen zu unterscheiden und die Verbindung zwischen einer Rechtskultur, die auf die Durchsetzung von Rechten setzt, und den philosophischen Konzeptionen vom menschlichen Leben, die ursprünglich zu ihr geführt haben, zu lösen.

Vielleicht hilft es zur Strukturierung unserer Gedanken, wenn wir eine dreiteilige Unterscheidung vornehmen. Wonach wir suchen, ist ein weltweiter Konsens über be-

9 Vgl. Sulak Sivaraksa, »Buddhism and Human Rights in Siam« (unveröffentlichter Vortrag beim *Bangkok Workshop of the Human Rights Initiative, Carnegie Council on Ethics and International Affairs*, März 1996), S. 4 f. Sulak fragt sich, ob das westliche Freiheitskonzept, das eng verbunden ist mit dem des Rechts, »seinen Endpunkt in der Umweltzerstörung erreicht hat«.

stimmte Verhaltensnormen, die gegenüber Regierungen durchsetzbar sind. Um in einer beliebigen Gesellschaft anerkannt zu werden, müssten diese Normen jeweils auf irgendeiner weithin anerkannten philosophischen Begründung beruhen, und um durchgesetzt zu werden, müssten sie sich in rechtlichen Verfahren niederschlagen. Eine Möglichkeit, unsere zentrale Frage zu formulieren, könnte folgendermaßen lauten: Welche Variationen können wir uns in philosophischen Begründungen oder Rechtsformen vorstellen, die noch mit einem sinnvollen universellen Konsens über das, was uns wirklich wichtig ist, nämlich den durchsetzbaren Normen, vereinbar wären?

Folgt man diesem Gedankengang, könnte es dazu beitragen, besser zu verstehen, worauf genau wir uns in der zukünftigen Weltgesellschaft einigen wollen, wie auch unsere diesbezüglichen Erfolgsaussichten zu bemessen, wenn wir uns Variationen auf den beiden Ebenen getrennt vorstellen. Ich möchte im Folgenden einige Beispiele näher betrachten, in denen es offensichtliche Konflikte zwischen dem gegenwärtigen Menschenrechtsdiskurs und einer oder mehreren bedeutenden zeitgenössischen Kulturen zu geben scheint. Ziel wird der Versuch sein, Möglichkeiten zu erwägen, wie der Konflikt gelöst werden könnte und wie die wesentlichen Normen, die mit dem Anspruch der Menschenrechte einhergehen, bewahrt werden könnten, und zwar entweder durch eine Veränderung der Rechtsformen oder eine Veränderung der Philosophie.

Alternative Rechtsformen

Ich möchte vier Arten von Konflikten näher betrachten. Die erste Art von Konflikt könnte durch rechtliche Neuregelungen gelöst werden, deren Möglichkeit ich kurz erörtern werde, doch lässt sie sich wohl am besten auf philosophischer Ebene bewältigen. Die anderen drei Arten von Konflikten betreffen die grundlegende Begründung von Menschenrechtsansprüchen. Bei ihrer Entwicklung werde ich die Rechtfertigungsgrundlage für westliches Denken und westliche Praxis im Hinblick auf Rechte deutlich weiter ausführen müssen als ich dies in meinen eher knappen Bemerkungen über die Naturrechtstheorie getan habe. Ich werde später darauf zurückkommen.

Nehmen wir die Art von Einwand, die ich zu Beginn erwähnte, die jemand wie Lee Kuan Yew über die westliche Rechtspraxis und ihre vermeintliche Untauglichkeit für andere, insbesondere ostasiatische Gesellschaften, geltend machen könnte. Die Grundidee lautet, dass diese Praxis, die offensichtlich von der im vorangegangenen Abschnitt beschriebenen zugrundeliegenden Philosophie gestützt wird, annimmt, dass Individuen Besitzer von Rechten sind und sie dazu ermutigt, zu handeln, hinauszugehen und offensiv danach zu streben, ihre Rechte erfolgreich geltend zu machen. Doch das hat eine Reihe negativer Folgen. Erstens führt es dazu, dass sich die Menschen auf ihre Rechte konzentrieren und darauf, was sie von der Gesellschaft und von anderen fordern können, statt auf ihre Verantwortung und darauf, was sie der gesamten Gemeinschaft oder ihren Mitgliedern schulden. Es ermuntert Menschen dazu, egoistisch zu sein, und führt zu einer Verkümmerung des Zusammengehörigkeitsgefühls. Das wiederum verstärkt soziale Konflikte, die zunehmend vielschichtiger werden und schließlich in einen Krieg aller gegen alle zu münden drohen. Die soziale Solidarität wird geschwächt, während die Gefahr von Gewalt steigt.

Dieses Szenario scheint einigen reichlich überzogen zu sein. Für andere, darunter auch Menschen aus westlichen Gesellschaften, scheint es jedoch ein Fünkchen Wahrheit zu enthalten. Das wiederum lässt Zweifel daran aufkommen, dass wir es hier mit einem Unterschied *zwischen* Kulturen zu tun haben. Tatsächlich hat es lange Tradition im Westen, vor einem reinen Rechtsdiskurs außerhalb eines Rahmens zu warnen, in dem die politische Gemeinschaft einen starken positiven Wert besitzt. Diese ›kommunitaristischen‹ Theorien sind heute aufgrund der Konflikt- und Entfremdungserfahrungen und der bröckelnden Solidarität in vielen westlichen Demokratien, besonders, aber nicht nur in den Vereinigten Staaten, umso dringlicher. Bedeutet das, dass Lee Kuan Yews Programm eine Lösung für das gegenwärtige Amerika bieten könnte?

Die Absurdität dieses Vorschlags führt uns zurück zu den echten kulturellen Unterschieden, die heute bestehen. Doch wenn wir der Logik der ›kommunitaristischen‹ Kritik im Westen konsequent bis zu ihrem Ende folgen, können wir vielleicht einen Rahmen finden, innerhalb dessen sich diese Unterschiede berücksichtigen lassen.

Einer der entscheidenden Punkte bei der Kritik an einer zu ausschließlichen Konzentration auf Rechte besteht darin, dass dadurch die zentrale Bedeutung des politischen Vertrauens vernachlässigt wird. Wie Tocqueville bemerkte, versuchen Diktaturen, das Vertrauen zwischen den Bürgern zu zerstören,[10] doch freie Gesellschaften sind auf ein solches Vertrauen dringend angewiesen. Der Preis der Freiheit besteht in einem starken gemeinsamen Bekenntnis zu jenem politischen Programm, das uns bindet, denn ohne dieses Bekenntnis müsste das Programm gewaltsam durchgesetzt werden, was wiederum die Freiheit bedrohen würde. Dieses Bekenntnis löst sich bei jedem Einzelnen von uns sehr schnell auf, sobald das Gefühl entsteht, dass andere es nicht länger teilen oder nicht länger bereit sind, entsprechend zu handeln. Die gemeinsame Treue zum Programm speist sich aus Vertrauen.

Dies gilt sowohl für ein politisches System, das sich auf die Durchsetzung von Rechten konzentriert, als auch für jedes andere. Die Bedingung dafür, dass wir hergehen und versuchen können, unsere eigenen Rechte durchzusetzen, besteht darin, dass das System, in dem dies realisiert wird, die Achtung und Treue aller zum Programm bewahrt. Sobald die Durchsetzung von Rechten diese schwächt, sobald

10 »L'égalité place les hommes à côté les uns des autres, sans lien commun qui les retienne. Le despotisme élève des barrières entre eux et les sépare. Elle les dispose ne point songer á leurs semblables et il leur fait une sorte de vertu publique de l'indifférence.« [Es folgt eine Übersetzung der Textstelle ins Englische.] *La Démocratie en Amérique*, Bd. 2, II. Teil, Kap. IV, Paris: Édition Garnier-Flammarion, 1981, Bd. 2, S. 131«. [»Die Gleichheit stellt die Menschen nebeneinander, ohne daß ein gemeinsames Band sie zusammenhält. Die Gewaltherrschaft errichtet Schranken zwischen ihnen und trennt sie. Sie ermuntert sie, nicht an ihresgleichen zu denken, und macht aus Gleichgültigkeit eine Art öffentliche Tugend«. Alexandre de Tocqueville: *Über die Demokratie in Amerika. Zweiter Teil*, aus dem Franz. übertr. von Hans Zbinden, Zürich 1987, S. 153].

sie zu einem Gefühl tiefer Ungerechtigkeiten führt, das verschiedene Gruppen gegeneinander aufbringt und das Gefühl der gemeinsamen Treue und Solidarität untergräbt, ist das gesamte System der unbeschränkten Durchsetzung von Rechten in Gefahr.

Das Problem hierbei ist nicht der ›Individualismus‹ als solcher. Von diesem existieren viele Formen, und einige haben sich gemeinsam mit modernen demokratischen Formen politischer Gesellschaft entwickelt. Die Gefahr liegt vielmehr in solchen Formen des Individualismus oder der Gruppenidentität, die das Vertrauen untergraben oder unterminieren, dass wir als Bürger dieses Gemeinwesens einander verpflichtet sind.

Ich möchte hier nicht weiter den Bedingungen des politischen Vertrauens in westlichen Demokratien nachgehen, jedenfalls nicht um der Sache selbst willen.[11] Ich möchte jedoch diese Voraussetzung als heuristisches Instrument bei der Suche nach einem gemeinsamen Nenner für einen Konsens über Menschenrechte verwenden. Eine Möglichkeit, über eine Behauptung ähnlich der von Lee Kuan Yew nachzudenken, entsprechend der die westliche Konzentration auf Rechte nicht zu einer bestimmten kulturellen Tradition passe, bestünde darin, zu fragen, wie bestimmte grundlegende Freiheiten und Sicherheiten in der betreffenden Gesellschaft in Einklang mit der Aufrechterhaltung des politischen Vertrauens gewährleistet werden könnten. Das

11 Im letzten Kapitel von *The Malaise of Modernity,* Toronto: Anansi Press, 1991, und in »Liberalism and the Public Sphere«, in: *Philosophical Arguments,* Cambridge, MA: Harvard University Press, 1995, Kap. 13, habe ich im Wesentlichen über ähnliche Probleme in etwas anderen Begriffen gesprochen.

bedeutet natürlich, dass man keine Lösung als befriedigend ansehen würde, die nicht diese Freiheiten und Sicherheiten bewahrt. Doch man würde jede mögliche Modifikation in der Rechtsform akzeptieren, die erforderlich ist, um ein Gefühl der allgemeinen Akzeptanz des Verfahrens zu ihrer Gewährleistung in der betreffenden Gesellschaft herzustellen.

Im konkreten Fall von Lee Kuan Yews Singapur würde dies bedeuten, dass seine Behauptung in ihrer gegenwärtigen Form kaum annehmbar ist. Es gibt zu viele Belege dafür, dass in Singapur abweichende Meinungen erstickt werden und der demokratische politische Prozess (gelinde gesagt) eingeengt wird. Dennoch sollten wir diese Art von Behauptung zum Anlass nehmen, weiter darüber nachzudenken, wie Sicherheiten der Art, wie wir sie in Menschenrechtserklärungen anstreben, am besten in ›konfuzianischen‹ Gesellschaften geschützt werden können.

Wenden wir uns wieder den westlichen Gesellschaften zu, so stellen wir fest, dass Richter und Gerichtsverfahren im Allgemeinen ein hohes Maß an Ansehen und Achtung genießen.[12] In einigen Ländern gründet sich diese Achtung auf eine lange Tradition, in der eine bestimmte Vorstellung des Grundgesetzes eine wichtige Rolle spielte und in der daher dessen Hüter eine besondere Stellung einnahmen. Gibt es eine Möglichkeit, die Durchsetzung von Rechten in anderen Gesellschaften mit Ämtern und Institutionen zu

12 Das macht Fälle wie den Prozess gegen O. J. Simpson von 1995 so gefährlich im Hinblick auf die öffentliche Ordnung, weil sie einen grundlegenden Mangel an Respekt für und Vertrauen in das Gerichtsverfahren aufzeigen und auch weiter zementieren.

verbinden, die dort höchstes moralisches Ansehen genießen?

In Anlehnung an eine andere Tradition lässt sich feststellen, dass das enorme moralische Ansehen der Monarchie in Thailand in einigen historisch entscheidenden Momenten dazu verwendet wurde, bestimmten Schritten Legitimität zu verleihen, die auf ein Ende der militärischen Gewalt und Repressionen und auf die Rückkehr zur verfassungsmäßigen Ordnung abzielten. Das war der Fall nach den Studierendenprotesten im Oktober 1973 und erneut im Gefolge der Reaktionen der Bevölkerung auf die Machtübernahme durch General Suchinda Kraprayoon im Mai 1992. Beide Male reagierte die Militärjunta mit Gewalt, musste jedoch alsbald erkennen, dass sie ihre Stellung nicht halten konnte und gezwungen war, das Feld zugunsten einer Zivilregierung und erneuten Wahlen zu räumen. In beiden Fällen spielte König Bhumibol eine entscheidende Rolle.[13] Diese Rolle konnte der König aufgrund von Elementen in der Tradition spielen, die zur thailändischen Konzeption von Monarchie beigetragen haben und von denen einige weit zurückreichen. So sieht zum Beispiel die Vorstellung des Königs als *dharmaraja*, der in der Tradition von Ashoka steht,[14] den Herrscher als damit beauftragt, Dharma in der Welt herzustellen.

Vielleicht war es entscheidend für die Unruhen von 1973 und 1992, dass ein König mit einem solchen Stellenwert genau diese Rolle gespielt hat. Das Problem besteht jedoch

13 Ein westliches Analogon dazu stellt die positive Rolle dar, die Juan Carlos während des Putsches in Madrid im Jahr 1974 spielte.

14 Vgl. Stanley Tambiah, *World Conqueror and World Renouncer*, New York: Cambridge University Press, 1976.

darin, dass die Macht des königlichen Amtes auch für die entgegengesetzte Richtung verwendet werden kann, wie dies 1976 geschah, als rechtsgerichtete Gruppen die Parole »Nation, König und Religion« als Schlachtruf verwendeten, um demokratische und radikale Führer zu attackieren. Die reaktionäre Bewegung erreichte ihren Höhepunkt mit dem Putsch im Oktober 1976, der die demokratische Verfassung erneut verwarf.[15]

Aus all dem ergibt sich folgendes Problem: Kann die enorme Macht der thailändischen Monarchie, Vertrauen und Konsens zu schaffen, irgendwie dahingehend stabilisiert, reguliert und kanalisiert werden, dass sie die verfassungsmäßige Ordnung und die Verteidigung bestimmter Menschenrechte, wie etwa solchen, die die Sicherheit der Person betreffen, stützt? In Weber'schen Begriffen: Könnte das Charisma hier ausreichend »routinisiert« werden, um ihm eine stabile Richtung zu geben, ohne ganz verloren zu gehen? Könnte vielleicht dieses königliche Charisma sowie die Legitimation, die einige Individuen mit nachweislichen »Verdiensten« genießen und die, wie etwa in der thailändischen Tradition, mit moralischer Autorität ausgestattet sind, irgendwie dazu genutzt werden, die Unterstützung für eine demokratische Ordnung zu stärken, die solche Si-

15 Vgl. die Diskussion bei John Girling, *Thailand: Society and Politics*, Ithaca: Cornell University Press, 1981, S. 154–157. Frank Reynolds erörtert in seinem »Legitimation and Rebellion: Thailand's Civic Religion and the Student Uprising of October, 1973«, in: Bardwell L. Smith (Hrsg.), *Religion and Legitimation of Power in Thailand, Laos, and Burma*, Chambersburg, PA: Anima Books, 1978, die Verwendung der Symbole von »Nation, Religion und Monarchie« durch die studentischen Demonstrierenden.

cherheiten und Freiheiten achtet, die wir allgemein als Menschenrechte beschreiben? Falls ja, sollte man der Tatsache, dass sie vielleicht vom westlichen Standardmodell der gerichtlichen Überprüfung abweicht, das von Individuen angestoßen wird, weniger Bedeutung beimessen als der Tatsache, dass dadurch Menschen vor Gewalt und Unterdrückung geschützt werden. Wir hätten dann tatsächlich trotz Unterschieden in der Form eine Übereinstimmung im Hinblick auf den Inhalt der Menschenrechte erreicht.

Alternative Grundlagen

Angenommen, wir nehmen uns die von anderen Gesellschaften ausgehenden ›kommunitaristischen‹ Argumente gegen den westlichen Rechtsdiskurs auf einer anderen Ebene vor und stellen nicht so sehr die Rechtsformen infrage, sondern erklären uns vielmehr nicht mit der zugrundeliegenden philosophischen Rechtfertigung einverstanden. Mein Beispiel stammt erneut aus Thailand. In dieser Gesellschaft hat es im vergangenen Jahrhundert eine Reihe von Versuchen gegeben, reformierte Deutungen der vorherrschenden Religion, des Theravada Buddhismus, zu formulieren. Einige davon haben in dieser Form des Buddhismus eine Basis für Demokratie und Menschenrechte gesucht. Dies wirft ein etwas allgemeineres Problem auf als dasjenige, auf das ich mich konzentriere, weil es eine alternative Grundlage sowohl für die Demokratie als auch für die Menschenrechte betrifft. Die Aufgabe, einen Konsens über Menschenrechte in der heutigen Welt zu erzielen, wird jedoch wahrscheinlich vereinfacht, wenn wir nicht versuchen, uns über Regierungsformen zu einigen – zumindest nicht als Erstes –, sondern uns allein auf Menschenrechtsstandards konzentrieren. Meiner Meinung nach veranschaulichen die hier beschriebenen Entwicklungen im thailändischen Denken, was mit dem Erreichen eines »übergreifenden Konsenses« auf dieser engeren Basis verbunden ist.

Eine Hauptreformströmung besteht aus Bewegungen, die (aus ihrer Sicht) versuchen, den Buddhismus zu reinigen, ihn von der Konzentration auf Rituale, auf den Erwerb von Verdiensten und sogar dem weltlichen Erfolg durch Segnungen und Frömmigkeitsakte abzukehren und sich mehr auf das (aus ihrer Sicht) ursprüngliche Ziel der Erleuchtung zu konzentrieren. Der kürzlich verstorbene Phutthathat (Buddhadasa) stellte in dieser Hinsicht eine zentrale Figur dar. Diese Strömung versucht zum (aus ihrer Sicht) ursprünglichen Kern der buddhistischen Lehre über die Unvermeidlichkeit des Leidens, die Illusion des Selbst und das Ziel von Nibbana zurückzukehren. Sie attackiert den ›Aberglauben‹ der Menschen, die nach mächtigen Amuletten, Segnungen von Mönchen und dergleichen streben; sie möchte die Suche nach Erleuchtung von dem Streben nach Verdienst durch Rituale trennen. Zudem sieht sie die gesamte metaphysische Struktur des Glaubens sehr kritisch, die sich im Mainstream-Buddhismus über Himmel, Hölle, Götter und Dämonen gebildet hat und eine große Rolle im Volksglauben spielt. Der sri-lankische Anthropologe Gananath Obeyesekere hat sie als einen »protestantischen Buddhismus« beschrieben.[16]

16 Richard Gombrich / Gananath Obeyesekere, *Buddhism Transformed: Religious Change in Sri Lanka*, Princeton, NJ: Princeton University Press, 1988, Kap. 6 und 7.

Diese Strömung scheint neue Überlegungen zum Buddhismus als Grundlage für eine demokratische Gesellschaft sowie für Menschenrechte hervorzubringen. Sulak Sivaraksa und Saneh Chamarik zählen zu jenen führenden Figuren, in deren Schriften sich dies widerspiegelt. Sie und andere in ihrem Umfeld setzen sich sehr aktiv für soziale Gerechtigkeit ein. Sie befassen sich mit alternativen Entwicklungsmodellen, die ökologisch verträglicher wären, sich um eine Begrenzung des Wachstums bemühen, dem ›Konsumismus‹ kritisch gegenüberstehen und soziale Gleichheit fördern würden. Hinter all diesen Zielen steht das Bekenntnis zum Buddhismus. Wie Sulak erklärt, hat die buddhistische Verpflichtung zur Gewaltlosigkeit eine nichtausbeuterische Haltung gegenüber der Natur zur Folge und verlangt auch die Begrenzung der Gier, eine der Quellen für Wut und Konflikte.[17]

Es lässt sich hier ein Programm des universellen Wohlergehens erkennen, doch was genau drängt zur Demokratie und dazu, sicherzustellen, dass Menschen ihr eigenes Leben in die Hand nehmen, anstatt einfach Nutznießer einer wohlwollenden Herrschaft zu sein? Zwei Dinge scheinen bei dieser Auffassung zusammenzukommen, die ein starkes Bekenntnis zur Demokratie stützen. Das erste ist die für den Buddhismus zentrale Idee, dass letztlich jedes Individuum Verantwortung für die eigene Erleuchtung übernehmen muss. Das zweite ist eine neue Anwendung der Lehre der Gewaltlosigkeit, die nun so verstanden wird, dass sie Respekt vor der Autonomie jeder Person und in der Tat

17 Vgl. Sulak Sivaraksa, *Seeds of Peace: A Buddhist Vision for Renewing Society*, Berkeley/Bangkok: Parallax Press, 1992, Kap. 9.

eine minimale Verwendung von Zwang in menschlichen Angelegenheiten verlangt. Dies führt uns weit ab von einer Politik der aufgezwungenen Ordnung, die von einer weisen Minderheit verfügt wird, die lange Zeit der traditionelle Hintergrund für verschiedene Formen und Phasen nichtdemokratischer Herrschaft war. Zudem ist offensichtlich, dass diese Basis für die Demokratie auch eine starke Unterstützung für eine Menschenrechtsgesetzgebung bietet, und so wird dies in der Tat auch von Denkern wie Sulak verstanden.[18]

Diese Perspektive stimmt mit der Politik der Verteidigung der Menschenrechte und der demokratischen Entwicklung überein, unterscheidet sich jedoch deutlich von der westlichen Standardrechtfertigung für diese. Sie basiert nicht auf einer Lehre der Würde des Menschen als etwas, das Achtung gebietet. Das Gebot der Achtung ergibt sich vielmehr als Konsequenz aus dem Grundwert der Gewaltlosigkeit, die auch zu vielen anderen Konsequenzen führt (darunter die Anforderung einer ökologisch verantwortlichen Entwicklung und die Notwendigkeit, dem Wachstum Grenzen zu setzen). Menschenrechte heben sich nicht, wie häufig im Westen, als ein eigenständiger Anspruch ab, der von unseren übrigen moralischen Verpflichtungen unabhängig und manchmal sogar mit ihnen unvereinbar ist.

Diese buddhistische Konzeption bietet eine alternative Möglichkeit, das Programm der Menschenrechte mit jenem der demokratischen Entwicklung zu verbinden. Während die beiden im westlichen Rahmen Hand in Hand gehen, weil sie als gemeinsame Voraussetzungen für Menschen-

18 Vgl. ebd., bes. Teil 2.

würde und tatsächlich als zwei Facetten der Freiheit verstanden werden, wird bei thailändischen Buddhisten mit dieser Reformüberzeugung eine etwas andere Art des Zusammenhangs sichtbar. Ihr Bekenntnis zu einer an den Menschen ausgerichteten und ökologisch sensiblen Entwicklung macht sie zu starken Verbündeten jener Gemeinschaften von Dorfbewohnern, die Widerstand gegen Eingriffe von Staat und Großunternehmen leisten und für die Verteidigung ihrer Böden und Wälder kämpfen. Das bedeutet, dass sie sich mit Nachdruck für das engagieren, was als mitentscheidend für das Programm einer Demokratisierung in Thailand erkannt wurde: die Dezentralisierung und insbesondere die Wiedergewinnung der Kontrolle über natürliche Ressourcen durch lokale Gemeinschaften.[19] Sie bilden zugleich einen wesentlichen Teil der NGO-Gemeinschaft, die sich diesem Programm verschrieben hat. Ein recht anderer Weg hat so zu einem ähnlichen Ziel geführt.

Weitere Unterschiede stechen hervor. Da sie in einem bestimmten Gerechtigkeitsprogramm wurzelt, wurde die westliche Politik, Rechte einzuführen, oft von Wut, Empörung und dem Imperativ, historische Verbrechen zu bestrafen, begleitet. Die beschriebene buddhistische Perspektive führt dagegen zu einer Warnung vor einer Politik der Wut, die ihrerseits eine potentielle Quelle für neue Formen der Gewalt darstellt. Mein Ziel besteht an dieser Stelle nicht darin, zwischen diesen beiden Ansätzen abzuwägen, sondern auf diese Schwierigkeiten hinzuweisen, nämlich als

19 Vgl. die Diskussion in Vitit Muntarbhorn / Charles Taylor, *Roads to Democracy: Human Rights and Democratic Development in Thailand, Bangkok and Montréal*, International Centre for Human Rights and Democratic Development, Juli 1994, Teil 3.

Quelle für einen potentiell fruchtbaren Austausch innerhalb eines sich (hoffentlich) ergebenden Weltkonsenses über die praktische Etablierung der Menschenrechte und Demokratie.

Tatsächlich kann man hier eine Übereinstimmung hinsichtlich bestimmter Handlungsnormen sehen, unabhängig davon, wie sie rechtlich verankert sein mögen. Ein westlicher Beobachter ist jedoch mit der gesamten philosophischen Grundlage und ihren entsprechenden Bezugspunkten wie auch der rhetorischen Quelle für ihre Anziehungskraft nicht vertraut. Im Westen sind sowohl die Demokratie als auch die Menschenrechte durch den steten Fortschritt einer Art von Humanismus gefördert worden, der betonte, dass Menschen sich vom übrigen Kosmos abheben würden und einen höheren Status und eine höhere Würde besäßen als alles andere. Die Wurzeln für diese Ansicht finden sich im Christentum und in bestimmten Richtungen des antiken Denkens, doch der Abstand wird noch einmal erheblich durch das verstärkt, was Weber als die Entzauberung der Welt beschreibt: die Ablehnung einer Sicht des Kosmos als einer sinnvollen Ordnung. Von einem mechanistischen Universum hebt sich der menschliche Akteur noch stärker ab. Für Pascal ist der Mensch nur ein Schilfrohr, doch von unvergleichlich größerer Bedeutung als das, was ihn zu zermalmen droht, weil er ein denkendes Schilfrohr ist. Kant greift in seiner Erörterung des Erhabenen in der dritten Kritik[20] einige ähnliche Überlegungen auf und bestimmt auch die Würde des Menschen im Sinne

20 *Kants Werke*, Bd. 6: *Kritik der Urteilskraft*, Berlin: Walter de Gruyter, 1964, 1. Teil, 2. Buch, Abschn. 28 f.

des unvergleichlich größeren Werts der Menschen, verglichen mit den übrigen Inhalten des Universums.[21]

Die auf diesem Humanismus gründende Menschenrechtslehre betont die unvergleichliche Bedeutung des menschlichen Handelnden. Sie stellt ihn oder sie bei allem in den Mittelpunkt und erklärt seine oder ihre Freiheit und Autonomie zu einem wesentlichen Wert, der maximiert werden sollte. Folglich scheint die Verteidigung der Menschenrechte im westlichen Denken unauflöslich mit dieser Überhöhung der menschlichen Handlungsmacht verknüpft zu sein. Eben weil Menschen gerechtfertigtermaßen all diese Achtung und Aufmerksamkeit verlangen, zumindest im Vergleich zu allem anderen, müssen ihre Rechte verteidigt werden.

Die von mir beschriebene buddhistische Philosophie beginnt an ganz anderer Stelle, nämlich bei der Forderung nach *ahimsa* (Gewaltlosigkeit), und scheint doch viele derselben Normen zu begründen. (Natürlich wird es auch Unterschiede in den begründeten Normen geben, und das wirft eigene Probleme auf, doch für den Augenblick möchte ich nur die substantielle übergreifende Schnittmenge hervorheben). Die Bandbreite westlicher philosophischer Gefühle, die Begeisterung für Menschenwürde, die Betonung von Freiheit als höchstem Wert, das Drama uralten Unrechts, das mit Tapferkeit wiedergutgemacht wird, all die Dinge, die uns bewegen, wenn wir eine gute Aufführung von *Fidelio* sehen, scheinen in diesem alternativen Rahmen fehl am Platz zu sein. Das gilt auch für die Vorbilder für Hel-

21 *Grundlegung zur Metaphysik der Sitten*, Akademie-Ausgabe, Berlin: Walter de Gruyter, 1968, Bd. 4, S. 434.

dentum. Die Helden der *ahimsa* sind keine starken Revolutionäre, keine Cola di Rienzi oder Garibaldis, und mit der Philosophie und den Vorbildern verliert eine ganze Rhetorik ihre Grundlage.

Dies vermittelt uns vielleicht eine Vorstellung davon, wie ein freiwilliger Weltkonsens über Menschenrechte aussehen könnte. Einigung auf Normen ja, doch ein tiefgreifendes Gefühl der Differenz, der Unvertrautheit in Bezug auf die Ideale, die Vorstellungen von menschlicher Vortrefflichkeit, die rhetorischen Sprachbilder und Bezugspunkte, durch die diese Normen Gegenstand tiefer Verpflichtung für uns werden. In dem Maße, wie wir uns nur mit Menschen einverstanden erklären können, die das ganze Paket teilen und von denselben Helden bewegt werden wie wir, wird der Konsens entweder niemals zustande kommen oder aber erzwungen werden müssen.

Das ist jedenfalls die Ausgangssituation, sobald ein Konsens über einen bestimmten Aspekt der Menschenrechte gerade erreicht wurde. Später kann ein Prozess des wechselseitigen Lernens folgen, der auf eine »Horizontverschmelzung« im Sinne Gadamers zustrebt, bei dem das moralische Universum des anderen weniger fremd wird. Hieraus werden sich weitere Anleihen und die Schöpfung neuer hybrider Formen ergeben.

Immerhin hat sich Ähnliches bereits bei einer anderen philosophischen *ahimsa*-Strömung, der von Gandhi, ergeben. Gandhis Praktiken des gewaltfreien Widerstands wurden im Westen zum Beispiel in der amerikanischen Bürgerrechtsbewegung unter Martin Luther King übernommen und angepasst. Darüber hinaus sind sie Teil eines weltweiten Repertoires politischer Praktiken geworden, die 1988 in Manila und 1989 in Prag herangezogen wurden, um nur zwei Beispiele zu nennen.

Ebenfalls erwähnenswert ist eine weitere Facette dieses Beispiels, die auch verallgemeinerbar sein könnte. Ein wichtiger Teil des westlichen Menschenrechtsbewusstseins liegt in der Erkenntnis einer historischen Errungenschaft. Menschenrechte definieren Normen der Achtung gegenüber Menschen, die radikaler und anspruchsvoller sind, als es sie jemals zuvor in der Vergangenheit gegeben hat. Sie gewähren im Prinzip eine größere Freiheit, größeren Schutz vor Gewalt, vor willkürlicher Behandlung, vor Diskriminierung und Unterdrückung, als Menschen sie zumindest in den meisten großen Kulturen in der Geschichte je genossen haben. In gewisser Weise wird mit ihnen die Vorzugsbehandlung, die in der Vergangenheit privilegierten Menschen gewährt wurde, auf alle ausgedehnt. Deshalb bildeten so viele der Meilensteine in der historischen Entwicklung der Rechte, angefangen bei der *Magna Carta*, seinerzeit Instrumente zur Privilegierung der Elite.

In dieser Hinsicht lässt sich eine interessante Übereinstimmung mit der von mir beschriebenen Strömung des Reformbuddhismus beobachten. Auch hier ist man sich darüber im Klaren, dass sehr hohe Anforderungen aufgestellt werden, die weit über das hinausgehen, was die Mehrheit der gewöhnlichen Gläubigen als erforderliche Praxis anerkennt. Der Reformbuddhismus wird von einer Elite praktiziert, wie das in der Geschichte bei den meisten seiner Entsprechungen der Fall war. Doch auch hier, bei der Entwicklung einer Lehre der Demokratie und Menschenrechte, schlagen Reformbuddhisten vor, die zuvor einer

Minderheit vorbehaltene Praxis auszudehnen und in der Gesellschaft als Ganzes zu etablieren. Auch hier wiederum ist man sich darüber bewusst, dass man die höchste traditionelle Praxis einer Minderheit verallgemeinert.

Es ist, als ob diese Universalisierung eines anspruchsvollen Standards, den die Menschenrechtspraxis im besten Fall umfasst, trotz aller Unterschiede in der Philosophie, als ein gerechtfertigter Schritt betrachtet und im Rahmen einer anderen kulturellen, philosophischen und religiösen Welt neu hervorgebracht würde. Die Hoffnung auf einen Weltkonsens liegt darin, dass ein solcher Schritt immer wieder erfolgt.

Hierarchie und Identität

Dieses Beispiel aus Thailand liefert ein mögliches Vorbild dafür, wie der Weg zu einem Weltkonsens aussehen könnte – eine Einigung auf bestimmte Normen, die aus sehr unterschiedlichen philosophischen oder spirituellen Hintergründen heraus erfolgt. Der Konsens muss zunächst nicht auf irgendeinem tieferen wechselseitigen Verständnis dieser jeweiligen Hintergründe beruhen. Letztere mögen der anderen Seite jeweils merkwürdig erscheinen, obwohl beide Seiten die erzielte praktische Einigung anerkennen und wertschätzen. Das soll natürlich nicht heißen, dass nicht bestimmte Dinge auch übernommen würden. Demokratie und Menschenrechtspraktiken sind offenkundig irgendwo entstanden und werden nun anderswo (vielleicht auf ganz andere Weise) kreativ neu aufgegriffen, doch ein wechselseitiges Verständnis und eine wechselseitige Wertschätzung für die spirituellen Grundlagen der jeweils anderen Seite, die zu der Verpflichtung auf die gemeinsamen Normen geführt haben, kann nahezu völlig fehlen.

Das ist jedoch kein befriedigender Endzustand. Ein gewisser Versuch, ein tieferes wechselseitiges Verständnis zu entwickeln, muss folgen, denn andernfalls werden die erzielten Einigungen fragil bleiben, und zwar aus mindestens zwei eng miteinander verknüpften Gründen. Der erste Grund besteht darin, dass die Einigung niemals abgeschlossen ist. Wir sahen bereits, dass sich das, was man als *ahimsa*-Grundlage für Rechte bezeichnen kann, anders mit ökologischen Belangen verbindet als die westliche humanistische Grundlage, insofern als sich die Position von Wut, Empörung, gerechter Verurteilung und Bestrafung in den beiden Auffassungen unterscheidet. Das alles muss zu Unterschieden in der Praxis, in den einzelnen Rechtskatalogen oder zumindest in der Rangfolge zwischen den einzelnen Rechten führen. In der Praxis mögen diese Unterschiede in den unterschiedlichen Rechtskatalogen nicht in Erscheinung treten. Sie können sich in der Art widerspiegeln, wie ein vorhandener Katalog in unterschiedlichen Gesellschaften interpretiert und angewendet wird. Schließlich müssen die etablierten Chartas von Gerichten angewendet werden, und die Gerichte nehmen ihre Auslegung im Rahmen der in ihrer Gesellschaft herrschenden moralischen Ansichten vor. Einige, wie etwa die kanadische Charta, treffen eine besondere Vorsorge für diese adaptive Auslegung, indem sie die Gerichte dazu auffordern, die Charta im Lichte sozialer Anforderungen auszulegen, einschließlich denen einer demokratischen Gesellschaft.[22] Zu den Anforderungen eines Weltkonsenses wird häufig gehören, dass wir diese Unterschiede in praktischen Kontexten ausgleichen, dass wir uns anpassen oder zu einer Art von Kompromiss gelangen, mit dem beide Seiten leben können. Diese Verhandlungen werden allzu schwierig werden, wenn nicht jede Seite ein besseres Verständnis dafür entwickeln sollte, was die andere Seite bewegt.

Der zweite Grund ergibt sich aus dem ersten und stellt gewissermaßen nur eine weitere Facette des ersteren dar. Ein fortgesetztes Zusammenleben in einem breiten Konsens, der kontinuierlich besondere Meinungsverschiedenheiten erzeugt, die ihrerseits wieder verhandelt werden müssen, um zu einem erneuten Konsens zu gelangen, ist ohne wechselseitigen Respekt unmöglich. Wenn auf beiden Seiten das starke Gefühl herrscht, dass die spirituelle Basis der anderen Seite lächerlich, falsch, geringwertig und unwürdig ist, können diese Einstellungen eigentlich nur den Willen zur Einigung bei denjenigen untergraben, die diese Auffassungen vertreten, während sie zu Wut und Verbitterung bei jenen führen, die derart herabgesetzt werden. Das einzige Heilmittel gegen Verachtung ist Verständnis. Nur das kann die allzu oberflächlichen herabsetzenden Geschichten über andere ersetzen, mit denen Gruppen häufig ihr eigenes Rechts- und Überlegenheitsgefühl zu untermauern neigen. Folglich muss versucht werden, den bloßen Konsens zu einer Horizontverschmelzung zu führen.

22 Vgl. die Diskussion bei Joseph Chan, »The Asian Challenge to Universal Human Rights: A Philosophical Appraisal«, in: James T. H. Tang (Hrsg.), *Human Rights and International Relations in the Asia-Pacific Region,* London: Pinter, 1995.

In dieser Erörterung habe ich Konsens und wechselseitiges Verständnis analytisch voneinander unterschieden und vermutet, dass sie nacheinander als sukzessive Phasen auftreten. Sicherlich handelt es sich hierbei um eine schematische, grobe Vereinfachung, die jedoch im von mir untersuchten thailändischen Fall vielleicht nicht vollkommen falsch ist. Dennoch stellt in anderen Situationen ein gewisses Maß an wechselseitigem Verständnis eine wesentliche Bedingung dafür dar, dass ein Konsens erzielt wird. Die beiden können nicht einfach nur nacheinander auftreten, weil der Weg zu einer Einigung über ein gewisses Maß an wohlwollendem, wechselseitigem Verständnis führt.

Ich möchte nun einen weiteren Unterschied betrachten, der von dieser letzteren Art zu sein scheint. Um ihn an dieser Stelle darzulegen, werde ich einen weiteren Aspekt des westlichen philosophischen Hintergrunds der Rechte ausführlicher beschreiben müssen, der auf eine Mauer des Unverständnisses stoßen kann, sobald man sich in einen anderen Kulturkreis begibt. Es handelt sich dabei um das westliche Anliegen der Gleichheit bzw. Gleichstellung in Form der Nichtdiskriminierung. Bestehende Chartas der Rechte in der westlichen Welt befassen sich nicht mehr nur damit, Individuen bestimmte Freiheiten und Sicherheiten zu garantieren. In erheblichem Maße dienen sie auch dazu, verschiedenen Formen der Diskriminierung entgegenzuwirken. Dies stellt eine Verschiebung hinsichtlich des Schwerpunkts des Rechtsdiskurses dar, die sich in den vergangenen Jahrhunderten vollzogen hat. Man könnte die Auffassung vertreten, dass die zentrale Bedeutung der Nichtdiskriminierung nach dem Bürgerkrieg mit dem 14. Zusatzartikel [zur Verfassung] Einzug in die amerikanische gerichtliche Überprüfung gehalten hat. Seither sind Vorschriften in Bezug auf Nichtdiskriminierung sowohl in den Vereinigten Staaten als auch andernorts zu einem wichtigen und wachsenden Bestandteil von Rechtskatalogen geworden.

Dieser Zusammenhang ist vielleicht nicht überraschend, obwohl es lange gedauert hat, bis er zum Tragen kam. In gewisser Hinsicht war der Begriff der Gleichheit von Beginn an eng mit dem des Naturrechts verknüpft, im Gegensatz zum Platz, den subjektive Rechte in mittelalterlichen Rechtssystemen einnahmen, die zugleich solche bestimmter Stände oder privilegierter Individuen waren. Wohnt das Recht erst einmal der Natur inne, ist es schwer, es auf lange Sicht irgendwem zu verweigern. Die Verbindung zur Gleichheit ist umso stärker, aufgrund der zuvor erörterten Stoßrichtung des modernen Humanismus, der sich gegen die Auffassung ausspricht, dass wir uns in einer sinnvollen kosmischen Ordnung eingebettet finden. Letztere bildete einen Hintergrund, vor dem unterschiedliche Formen der menschlichen Differenzierung – ob in sozialer, ethnischer oder geschlechtlicher Hinsicht – natürlich und unanfechtbar erscheinen konnten. Die Unterschiede in der menschlichen Gesellschaft oder den Geschlechterrollen konnten so verstanden werden, dass sie Unterscheidungen in der Ordnung der Dinge widerspiegeln und Unterschieden im Kosmos entsprechen, wie etwa in Platons Metall-Mythos. Dies war eine sehr verbreitete Form des Denkens in fast allen menschlichen Gesellschaften.[23]

23 Ein gutes Beispiel dafür bietet Pierre Bourdieus Beschreibung der »Entsprechungen« zwischen dem männlich-weiblichen Unter-

Die Zerstörung dieser Ordnung ermöglichte einen Prozess, bestehende soziale und geschlechtliche Differenzen als bloß sozial konstruiert, bar jeder natürlichen Grundlage, als aufhebbar und daher letztlich ohne jede Begründung zu entlarven. Der Prozess, sich dessen bewusst zu werden, war langwierig und ist noch nicht abgeschlossen, doch es ist schwergefallen, sich ihm in der westlichen Kultur in den vergangenen zwei Jahrhunderten zu widersetzen.

Dieser Aspekt des westlichen Rechtsdiskurses lässt sich häufig nur sehr schwer exportieren, weil er auf Gesellschaften trifft, in denen bestimmte soziale Unterschiede noch immer als sehr bedeutungsvoll erachtet werden, und diese Unterschiede werden ihrerseits als mit bestimmten Praktiken wesenhaft verknüpft begriffen, die in westlichen Gesellschaften mittlerweile für diskriminierend gehalten werden. So schwierig es auch für westliche Menschen sein mag, diese Stolpersteine in allen Einzelheiten zu erfassen, so fällt es doch nicht schwer, die allgemeine Form des Konflikts zu verstehen, insbesondere da wir im Westen weit von einer Antwort auf die Frage entfernt sind, wie sich die Gleichstellung der Geschlechter mit unseren widerstreitenden Vorstellungen von Unterschieden in Bezug auf die Geschlechter vereinbaren lässt.

Nehmen wir dieses Problem der Gleichstellung der Geschlechter als Beispiel, so können wir leicht verstehen, dass eine bestimmte Art, die Unterschiede zu fassen, so unter-

schied und verschiedenen Farben, den Himmelsrichtungen und Gegensätzen wie feucht – trocken, oben – unten usw. Vgl. seine *Outline of a Theory of Practice*, Cambridge: Cambridge University Press, 1977, Kap. 3. [Dt.: *Entwurf einer Theorie der Praxis*, Frankfurt a. M. 1976.]

drückerisch sie in der Praxis auch sein mag, auch als Bezugspunkt für tief empfundene menschliche Identitäten dient. Die Ablehnung des Rahmens kann als völlige Zurückweisung der Grundlage von Identität empfunden werden, und zwar nicht nur für das bevorzugte, sondern auch für das unterdrückte Geschlecht. Die Definitionen der Geschlechter innerhalb einer Kultur sind unter anderem mit ihren Liebesgeschichten verwoben, die diese Menschen sowohl erzählen als auch leben.[24] Eine traditionelle Identität abzuschütteln kann ein Akt der Befreiung sein, doch geht es um mehr als nur um Befreiung. Ohne ein anderes, alternatives Gefühl von Identität führt der Verlust des traditionellen Identitätsgefühls zu einem Verlust an Orientierung und ist damit potentiell unerträglich.

Die gesamte Gestalt des Wandels, der hier einen freiwilligen Konsens über Menschenrechte ermöglichen könnte, umfasst eine Neubestimmung der Identität, die vielleicht so an umgewandelte traditionelle Bezugspunkte anknüpft, dass sie eine Anerkennung einer wirksamen Gleichstellung der Geschlechter ermöglicht. Dies kann eine schwierige Aufgabe darstellen, und dies zu ermessen, dürfte uns im Westen nicht schwerfallen, weil wir diesbezüglich erst noch unsere eigene Neubestimmung abschließen müssen. Diese Neubestimmung der Identität wird umso einfacher zu verwirklichen sein, je stärker sie sich so präsentieren

24 Vgl. z. B. Sudhir Kakar, *The Inner World*, Delhi: Oxford University Press, 1978, der behauptet, dass die hinduistische Kultur eine Liebesgeschichte des jungen verheirateten Paares, das bereits Kinder hat, im Gegensatz zum vorherrschenden westlichen Märchen der Liebesintrige, die zur Hochzeit führt, in den Vordergrund rückt.

lässt, dass sie in wohlverstandener Kontinuität zu den wichtigsten Traditionen und Bezugspunkten steht. Entsprechend wird es höchst schwierig, wenn sie als ein brutaler Bruch mit der Vergangenheit aufgefasst wird, der mit deren Verurteilung und Zurückweisung einhergeht. Welches dieser zwei Szenarien umgesetzt wird, hängt bis zu einem gewissen Grad von innergesellschaftlichen Entwicklungen ab, doch kann auch das Verhältnis nach außen und insbesondere mit dem Westen entscheidend sein.

Je mehr die Darstellung oder der Versuch einer Einflussnahme von außen als Pauschalverurteilung oder Verachtung der Tradition verstanden wird, desto mehr setzt sich tendenziell die Dynamik eines ›fundamentalistischen‹ Widerstands gegen jede Neubestimmung in Gang, und desto schwerer wird es, einen freiwilligen Konsens zu finden. Wir haben es hier mit einer sich selbst verstärkenden Dynamik zu tun, in der als solche wahrgenommene Verurteilungen von außen dazu beitragen, extreme Reaktionen zu befeuern, was wiederum eine gefährliche Spirale aus weiteren Verurteilungen und dadurch weiteren Reaktionen hervorruft. Mit dieser Dynamik ist die Welt im Hinblick auf das ungesunde Verhältnis zwischen dem Westen und großen Teilen der islamischen Welt in unserer Zeit bereits leidlich vertraut.

In gewisser Weise stellt daher der Weg zu einem Konsens in Bezug auf diesen Unterschied das Gegenteil von dem zuvor erwähnten Weg dar. Dort könnte die Einigung über Normen zwischen dem westlichen Humanismus und dem Reformbuddhismus so verstanden werden, dass sie einer Phase vorhergeht, in der beide Seiten ein besseres Verständnis und eine stärkere Wertschätzung füreinander entwickeln und stärker voneinander lernen. Auf dem Gebiet der Geschlechterdiskriminierung kann es durchaus sein, dass es besser wäre, die Ordnung umzukehren, d. h., dass der Weg zum Konsens über ein größeres wohlwollendes Verständnis für die Situation jeder Seite durch die jeweils andere führt. In dieser Hinsicht stellt der Westen mit seinen eigenen enormen ungelösten Problemen im Hinblick auf Gleichstellung und Differenz oft eher eine Gefahr als eine Hilfe dar.

Die Bedeutungsvielfalt der Tradition

Bevor ich zum Schluss komme, möchte ich einen weiteren Unterschied betrachten, der in verschiedenen Hinsichten den beiden vorangehenden Unterschieden ähnelt. Es handelt sich also zweifelsohne um einen Unterschied, bei dem wir uns durch die Dynamik wechselseitiger Fehldeutungen und Verurteilungen von einem Konsens entfernen, doch er bietet auch Potentiale wie das thailändische Beispiel, insofern wir sehen können, wie eine ganz andere spirituelle oder theologische Grundlage für eine Einigung über Normen gefunden werden könnte. Ich denke an den Unterschied zwischen internationalen Menschenrechtsstandards und bestimmten Facetten der *sharīʿa* [*Scharia*], die kürzlich in so erhellender Weise durch Abdullahi Ahmed An-Na'im erörtert wurde.[25] Bestimmte Strafen, die von der *sharīʿa*

25 Vgl. sein »Towards a Cross-Cultural Approach to Defining International Standards of Human Rights«, in: ders. (Hrsg.), *Human Rights in Cross-Cultural Perspectives*, Philadelphia: University of Pennsylvania Press, 1992, Kap. 1; vgl. außerdem Kap. 6 [Abdullahi

vorgeschrieben werden, wie etwa die Amputation einer Hand für Diebstahl oder die Steinigung für Ehebruch, erscheinen exzessiv und grausam im Lichte von Standards, die in anderen Ländern vorherrschen.

Es lohnt sich hier, wie bei den anderen Beispielen zuvor, denjenigen Aspekt des westlichen philosophischen Denkens und der Empfindsamkeit herauszuarbeiten, der dieser Verurteilung besonderen Nachdruck verliehen hat. Das lässt sich am besten anhand eines Beispiels zeigen. Wenn wir die ersten Seiten von Michel Foucaults *Surveiller et Punir [dt.: Überwachen und Strafen]* lesen, sind wir beeindruckt von der packenden Beschreibung der Folter, Hinrichtung und Vierteilung von Damien, der versucht hatte, Ludwig XV. Mitte des 18. Jahrhunderts zu ermorden.[26] Wir können nicht umhin, uns des kulturellen Wandels gewahr zu sein, den wir seit der Aufklärung durchlaufen haben.[27] Wir machen uns sehr viel mehr Gedanken über Schmerzen und Leiden als unsere Vorfahren; vor willkürlich zugefügtem Leid schrecken wir stärker zurück. Es erscheint kaum vorstellbar, dass Menschen heute ihre Kinder zu einem solchen Spektakel mitnehmen würden, zumindest offen und ohne jedes Unbehagen und Schamgefühl.

Was hat sich verändert? Zwei Faktoren, ein positiver und

Ahmed An-Na'im, »The Cultural Mediation of Human Rights: The Al-Arqam Case in Malaysia«, in: Joane R. Bauer / Daniel L. Bell, *The East-Asian Challenge for Human Rights*, Cambridge 1999, S. 147–168].

26 Foucault, *Surveiller et Punir*, Paris: Gallimard, 1976.

27 Tocqueville war sich bereits des Wandels bewusst, als er sich zu einer Passage aus [einem Brief von] Mme de Sévigny in *La Démocratie en Amérique* äußerte.

ein negativer, lassen sich voneinander unterscheiden. Positiv zu vermerken ist, dass wir aufgrund der enormen kulturellen Revolution, die in der Moderne stattgefunden hat und die ich andernorts als »Bejahung des gewöhnlichen Lebens«[28] bezeichnet habe, Schmerzen und Leiden und willkürlich zugefügten Tod in neuem Licht sehen. Mit diesem Begriff wollte ich auf den folgenreichen kulturellen und spirituellen Wandel in der frühen Neuzeit hinweisen, der die vermeintlich höheren Aktivitäten der Kontemplation und des bürgerlichen Lebens entthronte und den Schwerpunkt der Güte bzw. Gutheit in das gewöhnliche Leben, in Produktion und Familie verlegte. Teil dieser spirituellen Anschauung ist, dass wir uns vor allem darum kümmern sollten, die Lebensdauer zu verlängern, Leiden zu lindern und Wohlstand zu fördern. Sich vor allem um das ›gute Leben‹ zu sorgen, trug den Beigeschmack von Stolz, von Egozentrik. Darüber hinaus war es in sich nichtegalitär bzw. an soziale Ungleichheit geknüpft, weil die vermeintlichen ›höheren‹ Aktivitäten nur von einer kleinen Elite ausgeübt werden konnten, während es jedem offenstand, sein gewöhnliches Leben rechtschaffen zu führen. Aus dieser moralischen Einstellung heraus erscheint es offensichtlich, dass unsere Hauptsorge dem gerechten und wohlwollenden Umgang mit anderen gelten, und dass dieser Umgang auf einer Ebene der Gleichberechtigung stattfinden muss. Diese Bejahung, die einen wesentlichen Bestandteil unserer modernen ethischen Anschauung ausmacht, wurde ursprünglich von einer Art christlicher Frömmigkeit inspi-

28 Vgl. Charles Taylor, *Sources of the Self*, Cambridge, MA: Harvard University Press, 1989, Kap. 13.

riert. Sie verherrlichte praktische Agape und wendete sich polemisch gegen den Stolz, den Elitismus und, man könnte sagen: die Egozentrik jener, die an ›höhere‹ Aktivitäten oder höhere Formen der Spiritualität glaubten.

Es lässt sich unschwer erkennen, wie sehr diese Entwicklung mit dem Aufstieg des Humanismus verflochten ist, der hinter dem westlichen Diskurs über Menschenrechte steht. Sie stimmen in dem Bemühen um Gleichheit überein, auch um den Schutz der Person vor Belastungen, Gefahren und Leiden, die von außen aufgebürdet werden.

Doch das ist nur ein Teil der Geschichte. Es gibt auch einen negativen Wandel; etwas wurde verworfen. Es ist nicht so, als ob unsere Vorfahren einfach nur geglaubt hätten, das Ausmaß an Schmerzen sei irrelevant und böte keinerlei Grund, um von einer bestimmten Handlungsweise, die mit Folter und Verwundungen einhergeht, abzusehen. Für uns ist die Linderung von Leiden zu einem höchsten Wert geworden, doch sie stellte schon immer eine wichtige Überlegung dar. In Fällen wie denen von Damien wurde die negative Bedeutung von Schmerz eher anderen, gewichtigeren Überlegungen untergeordnet. Wenn es notwendig ist, dass Strafe gewissermaßen das Böse des Verbrechens ungeschehen macht und das Gleichgewicht wiederherstellt – was in dem ganzen Begriff des Verbrechers, der *öffentlich Abbitte* leistet, impliziert ist – dann ruft gerade der Schrecken des Königsmords nach einer Art von Theater des Schrecklichen als dem Medium, in dem dieses Ungeschehenmachen stattfinden kann. In diesem Zusammenhang erhält Schmerz eine andere Bedeutung; man braucht viel davon, um seinen Zweck zu erfüllen. Das Prinzip, Schmerzen zu minimieren, wird übertrumpft.

Somit stehen wir auf doppelte Weise in Beziehung zu unseren Vorfahren vor zwei Jahrhunderten. Wir haben neue Gründe, um Leiden zu minimieren, doch uns fehlt auch ein Grund, um die Minimierung von Leiden außer Kraft zu setzen. Wir verfügen nicht mehr über die gesamte Anschauung – verknüpft wie sie war mit dem Kosmos als sinnstiftender Ordnung –, die der Notwendigkeit, das Verbrechen ungeschehen zu machen und die verletzte Ordnung der Dinge mit und durch die Bestrafung des Verbrechers wiederherzustellen, Sinn verlieh.

Heutige Menschen im Westen sind sich im Allgemeinen des positiven Wandels, den sie durchlaufen haben, so wenig bewusst – sie neigen anachronistisch dazu, zu meinen, dass die Menschen immer so gedacht haben müssen –, dass sie im Allgemeinen der Ansicht sind, dass der negative Wandel der entscheidende sei, der den Unterschied zwischen uns und unseren Vorfahren erkläre. Aus diesem Blickwinkel betrachten sie die Bestrafungen der *sharīʿa* als das einfache Ergebnis vormodernen Irrglaubens, der in dieselbe Kategorie fällt, in die sie nun die Exekutionsszenarien des Ancien Régime einordnen. Mit dieser abschätzigen Verurteilung ist die Bühne bereitet für die weiter oben beschriebene Dynamik, in der herablassende Anprangerungen zu ›fundamentalistischen‹ Bekräftigungen führen, die wiederum noch schärfere Anprangerungen provozieren usw.

Was bei diesem Kampf verloren geht, zeigt An-Na'im sehr klar, nämlich die Möglichkeiten einer Neuinterpretation und Neuaneignung, die die Tradition bereits selbst umfasst. Ebenfalls unsichtbar wird das, was diesen Wandel antreiben könnte, entsprechend der Rolle, die die kulturelle Revolution im Westen gespielt hat, in der das gewöhnliche Leben bejaht wurde. Was das sein könnte, ist für einen Außenstehenden nicht einfach zu bestimmen, doch das beeindruckende islamische Thema der Barmherzigkeit und des Erbarmens Gottes, die zu Beginn fast jeder Sure des Qur'an [Koran] angerufen werden, könnte der Ort für eine kreative theologische Entwicklung sein. Dies könnte auf diesem Gebiet zu einer Annäherung beitragen, so dass wir in dem Fall einen Konsens zwischen Menschen mit sehr unterschiedlichen spirituellen Hintergründen erleben würden, vergleichbar mit den zuvor erörterten thailändischen buddhistischen Auffassungen.

Schlussfolgerung

Ich habe dieses Kapitel mit dem Grundgedanken begonnen, dass ein freiwilliger Weltkonsens über Menschenrechte so etwas wie ein Rawls'scher »übergreifender Konsens« wäre, bei dem konvergierende Normen aus sehr unterschiedlichen, zugrundeliegenden spirituellen und philosophischen Anschauungen heraus begründet würden. Ich habe sodann behauptet, dass diese Normen nicht nur von den ihnen zugrundeliegenden Begründungen unterschieden und analytisch getrennt werden müssen, sondern auch von den Rechtsformen, die ihnen Kraft verleihen. Diese beiden Aspekte könnten aus guten Gründen von Gesellschaft zu Gesellschaft variieren, auch wenn die Normen, die wir unbedingt bewahren möchten, dabei unverändert bleiben. Anders formuliert, benötigen wir eine dreifache Unterscheidung, nämlich von Normen, Rechtsformen und den diesen zugrundeliegenden Begründungen, und jede von ihnen muss jeweils von den anderen unterschieden werden.

Ich habe sodann vier Beispiele für Unterschiede betrachtet. Mit ihnen wurde das Feld keineswegs erschöpft, wenngleich jedes von ihnen im gegenwärtigen internationalen Austausch über Menschenrechte von Bedeutung ist. Eines der Beispiele behandelte das Thema von Variationen in Rechtsformen. In den anderen drei Beispielen habe ich versucht, Probleme rund um die Einigung auf Normen aus verschiedenen philosophischen und spirituellen Hintergründen heraus zu erörtern.

Dabei kristallisierten sich zwei wichtige Aspekte dieser Übereinstimmungen heraus. Auf der einen Seite geht mit ihnen einher, dass jeweils sehr unterschiedliche Auffassungen aufeinandertreffen, die in ihren Prämissen Welten auseinander liegen und sich nur in den unmittelbaren praktischen Schlussfolgerungen einig sind. Auf der anderen Seite ist offensichtlich, dass ein Konsens erfordert, dass diese extreme Distanz überwunden wird, dass wir einander besser in unseren Differenzen verstehen lernen, dass wir lernen anzuerkennen, was an unseren verschiedenen spirituellen Traditionen großartig und bewundernswert ist. In einigen Fällen kann diese Art des wechselseitigen Verständnisses nach der Einigung einsetzen, doch in anderen Fällen scheint es fast eine Bedingung für diese zu sein.

Ein Hindernis auf dem Weg zu diesem wechselseitigen Verständnis resultiert aus der Unfähigkeit vieler westlicher Menschen, ihre Kultur als eine unter vielen zu begreifen. Ein Beispiel für diese Schwierigkeit wurde bei dem zuletzt erörterten Unterschied deutlich. In gewissem Maße verstehen Menschen in westlichen Ländern ihre Menschenrechstkonzeptionen so, dass sie einfach aus dem Wegfall vorangehender Gegenvorstellungen – wie etwa den Bestrafungsszenarien des Ancien Régime – hervorgegangen sind, die nunmehr diskreditiert sind und das Feld zugunsten der Beschäftigung mit dem menschlichen Leben, der Freiheit und der Vermeidung von Leiden geräumt haben. Insofern werden sie zu der Auffassung neigen, dass der Weg zur Einigung erfordert, dass auch andere ihre traditionellen Vorstellungen abschütteln und sogar ihr religiöses Erbe zurückweisen und moderne, ›ungeprägte‹ Menschen werden wie wir. Nur wenn wir im Westen wieder zu einer angemesseneren Auffassung von unserer eigenen Geschichte gelangen, können wir lernen, die in unsere Geschichte eingeflochtenen spirituellen Vorstellungen besser zu verstehen, und somit dazu bereit zu sein, die spirituellen Wege anderer hin zu dem gemeinsamen Ziel wohlwollend zu verstehen.[29] Im Gegensatz zur Meinung vieler Menschen wird eine weltweite Einigung nicht durch einen Verlust oder eine Ablehnung aller umliegenden Traditionen zustande kommen, sondern vielmehr dadurch, dass verschiedene Gruppen sich wieder kreativ in ihr jeweiliges eigenes spirituelles Erbe vertiefen und auf verschiedenen Wegen zum selben Ziel gelangen.

29 Ich habe die zwei einander widerstreitenden Verständnisse des Aufstiegs der Moderne, die hier angeführt werden, ausführlicher in »Modernity and the Rise of the Public Sphere« erörtert, Grethe B. Peterson (Hrsg.), *The Tanner Lectures on Human Values*, Salt Lake City: University of Utah Press, 1993.

Was ist Religion? Über die Vieldeutigkeit eines umkämpften Begriffs

1. Was ist Religion?

Die Bedeutungsvielfalt des Begriffes ›Religion‹: Warum ist es wichtig, dieses Thema anzuschneiden?

Der Grund hierfür liegt auf der Hand. Dem Interesse an diesem Thema liegt Skeptizismus zugrunde – ein Skeptizismus, den ich teile – bezüglich der Möglichkeit, eine einfache und eindeutige Definition des Konzepts zu liefern. Spontan möchte ich meine Rede mit einer allgemeingültigen Regel einleiten: »Wenn jemand behauptet, ›Religion sei …‹ oder ›Religion macht …‹ ohne Umschweife, kann man von vornherein sicher sein, dass der Satz falsch ist«. Wenn jemand, wie man es heutzutage oft hört, verkündet: »Religion löst Gewalt aus«, und jemand anders antwortet darauf: »Sie irren sich, Religion bringt immer Frieden«, dann wäre die richtige Reaktion, darauf zu antworten, dass man auch dann, wenn beide Ansichten teilweise wahr sind, sehr viel Energie aufwenden müsste, um zu beweisen, dass beide Sätze hundertprozentig wahr sind. Doch würde man auf diese Weise nicht besser verstehen, was Religion ist.

Der Begriff Religion ist nicht eindeutig, und in diesem Zusammenhang ist es angemessen, von der Bedeutungsvielfalt des Begriffes ›Religion‹ zu sprechen. Wie auch immer: Man darf an dieser Stelle nicht innehalten. Die Dinge sind weitaus komplizierter. Das Konzept der Bedeutungsvielfalt kann nämlich aus vielen Blickwinkeln angegangen werden. Meine Absicht besteht darin, diese Komplexität besser zu durchdringen, um, so hoffe ich, die Verwirrung etwas zu lösen, anstatt sie noch größer zu machen. Von jetzt an werde ich mich freier zwischen den verschiedenen Kontexten bewegen, in denen das Konzept ›Religion‹ heute zur Anwendung gelangt.

Wir könnten mit der Beobachtung beginnen, dass man sich eine Zeit lang einig in Bezug auf eine bestimmte Definition von Religion war. Diese Definition wurde im Zuge der europäischen Aufklärung entwickelt, doch kann man ihre Wurzeln bis ins 17. Jahrhundert zurückverfolgen. Es handelt sich um eine Vorstellung von Religion, die eher auf dem Deismus als auf dem Christentum gründet. Entsprechend dieser Vorstellung stellt jede Religion eine Überzeugung dar, dass ein Schöpfergott existiert, der uns einige ethische Grundsätze an die Hand gibt und die Menschen dann nach dem Tod belohnt oder bestraft, je nachdem wie sie sich an diese Vorschrift gehalten haben.

Angesichts dieser Auffassung war es durchaus möglich, vage Übereinstimmungen zwischen z. B. dem Christentum, einem christlich-inspirierten Deismus und vielleicht auch dem Islam auszumachen. Doch sobald man diese Definition etwa auf den Hinduismus anwandte, ging die Grundlage für einen Vergleich verloren. Tatsächlich hätte das Wort ›Hinduismus‹ keine Bedeutung gehabt, wenn man es im 17. oder 18. Jahrhundert benutzt hätte. Obwohl man leider den heutigen Hindutva-Nationalismus in gewisser Hinsicht als späten Nachzügler dieses früheren Bemühens verstehen kann, Religionen unter der Federführung eines europäischen Prototyps zu katalogisieren.

All jene deutlichen Unterschiede, die die Glaubwürdigkeit eines solch eng gefassten Konzepts von Religion untergruben, wurden zu jener Zeit komplett von dem europäischen Gedankengut ignoriert. Und die Ausnahmen bestätigten nur die Regel, da das Prestige der Kolonialmacht den Menschen vor Ort oftmals weismachen wollte, es sei unerlässlich, die eigene religiöse Erfahrung innerhalb dieses konzeptionellen Rahmens zu begreifen. Denken Sie nur an die monotheistischen Reformbewegungen im Hinduismus wie etwa Brahmo Sabha oder Brahmo Samaj, eingeleitet durch Pandit Nobin Chandra Roy und Ram Mohan Roy. In all diesen Fällen erwies sich jedoch letzten Endes die Überzeugungskraft des Versuchs, eine westliche Sichtweise zu übernehmen, als minimal.

Um wieder zum eigentlichen Thema meiner Rede zurückzukehren: Ich will im Folgenden drei Dimensionen der Bedeutungsvielfalt des Konzepts von ›Religion‹ voneinander unterscheiden, und zwar in immer größer werdenden Graden von Komplexität.

2. Die achsenzeitliche Wende

Eine erste wichtige Quelle für die Differenzierung und somit der Bedeutungsvielfalt in der Geschichte der Religion findet sich in dem entscheidenden Übergang, den wir für gewöhnlich die ›Achsenzeit‹ nennen. Es ist allgemein bekannt, dass der deutsche Philosoph Karl Jaspers in seinem *Vom Ursprung und Ziel der Geschichte* als erster Denker die Hypothese aufstellte, es habe auf der Erde zwischen dem 8. und dem 2. Jahrhundert v. Chr. ›gleichzeitig‹ eine große spirituelle Umwälzung stattgefunden.[1] Aus dieser ursprünglich rein philosophischen Behauptung, die eine Weile unbeachtet blieb, wurde einige Jahrzehnte später dank der Forschungen so talentierter Gelehrter wie Shmuel Eisenstadt und Björn Wittrock eine grundlegende historisch-soziologische Kategorie. Zuletzt wandte sich Robert N. Bellah in seinem jüngsten, großartigen Buch wieder diesem Themenkomplex zu.[2]

Gegenwärtig wird Jaspers' These allgemein, aber nicht überall, als vielversprechende Herangehensweise akzeptiert, um ein erstaunliches historisch-kulturelles Phänomen zu erklären, das im Verlauf der Jahrhunderte wiederholt wahrgenommen wurde. Ich beziehe mich hiermit auf das weltweite Aufblühen des Spirituellen, das in den verschiedenen Winkeln der Erde während des ersten Jahrtausends v. Chr. ähnliche, allerdings nicht identische Weltanschauungen hervorbrachte. Diese achsenzeitliche Wende mündete, indem sie sich von West nach Ost ausbreitete, im Erstarken der griechischen Philosophie zur Zeit von Platon, in die jüdische Prophetie des Mittleren Ostens, in die vedischen Lehren und den Buddhismus in der Indus-Ganges-Ebene sowie in den Konfuzianismus in China. In seiner bahnbrechenden Studie legte Jaspers womöglich zu viel Gewicht auf den Aspekt, diese verschiedenen spirituellen Traditionen hätten sich untereinander unmittelbar beeinflusst, doch wiesen diese in der Tat starke gemeinsame Merkmale, jedoch eben auch unverkennbare Unterschiede

1 Vgl. Karl Jaspers, *Vom Ursprung und Ziel der Geschichte*, München/Zürich 1949.

2 Vgl. Robert N. Bellah, *Religion in Human Evolution: From the Paleolithic to the Axial Age*, Cambridge 2011.

auf. Doch selbst dann, wenn wir uns nur auf die Elemente der Wesensverwandtschaft konzentrieren, so trägt der Wandel der Weltanschauung, der sich in jenen Jahrhunderten vollzog, dazu bei, dass der ›achsenzeitliche‹ Durchbruch zu den revolutionärsten Veränderungen in dem Bereich führt, den wir ›Religion‹ nennen.

Wie lässt sich diese Veränderung beschreiben? Nehmen wir uns beispielsweise die Religion der Römischen Republik vor, fällt uns sogleich auf, dass diese Religion größtenteils auf Rituale und Opferhandlungen ausgerichtet war, die dazu dienten, die Republik vor jedweder Gefahr zu bewahren, und die dafür sorgten, dass sie auch weiterhin gedieh. Dieser Aspekt trifft auf die vorachsenzeitlichen Religionen generell zu. Die Rituale wurden in einem Kontext praktiziert, in dem es ziemlich klar war, was das Gute für den Menschen ausmacht, nämlich Gedeihen. Versagen ist schlecht, Gedeihen ist gut: Das erklärt sich von selbst. Doch was genau ist das menschliche Gedeihen? Gedeihen bedeutet, einfach ausgedrückt, dass es gute Ernte anstatt Hungersnot, dass es weder Dürre noch Überschwemmungen geben möge, dass die Kinder heranwachsen und weitere Nachkommen haben und dass die Erde fruchtbar sei, kurz: all jene die Dinge, die für das menschliche Wohlergehen allgemein als essentiell betrachtet wurden und werden. Das religiöse Leben wiederum vollzog sich im Einklang mit diesem Verständnis davon, was menschliches Gedeihen ausmacht, und hatte u. a. zur Folge, dass die Götter günstig gestimmt werden mussten, und zwar, indem man sich auf die Verbindung mit dem Geist geweihter Tiere oder die Quelle von Fruchtbarkeit usw. konzentrierte. Genauer: Die Güter, die durch religiöse Mittel erlangt werden, waren weltliche Güter, und sie alle hatten mit den Grundbedürfnissen des Menschen zu tun.

Welche Neuheiten brachte die Revolution der Achsenzeit aber nun mit sich? Welche Unterschiede zeigten sich? Zunächst brachte sie die Vorstellung eines überlegenen Guten mit, welches nicht einfach auf das menschliche Gedeihen reduziert werden konnte. Verglichen mit früheren Auffassungen von dem Guten im Leben, treten alle achsenzeitlichen und nachachsenzeitlichen Religionen als radikaler Durchbruch in Erscheinung und sind damit alles andere als selbstverständlich. Und tatsächlich kann man hier eine Ahnung von der Einheit mit Gott bekommen, von Nirwana oder einem Buddha-ähnlichen Zustand des Geistes, von Platons Idee des Guten, von verschiedenen Imaginisierungen der Heiligkeit – wie etwa die Vornehmheit des Geistes, die im Konfuzianismus als *rén* bezeichnet wird, die ultraprofane Heiligkeit von Figuren wie dem Bhikkhu oder dem Asket usw.

Der Übergang in der Auffassung von moralischen Quellen und Zielen, der soeben beschrieben wurde, scheint in jeder Hinsicht eine nicht umkehrbare Änderung zu sein. Doch hat sich, wie ich schon weiter oben ausgeführt habe, dieser Wandel nicht überall in gleicher Weise vollzogen, weist jedoch überall gemeinsame Merkmale auf, die uns bis auf den heutigen Tag begleiten. Gewiss, heutzutage sind viele Menschen nicht länger ergriffen von Platons Idee vom Guten oder von einer Einheit mit Gott. Dennoch haben sogar säkular denkende Menschen, die sich selbst als vollkommen areligiös ansehen, vielleicht einen ausgeprägten Sinn für ein überlegenes, transzendentes Gutes, das sich in ihrem Leben unter dem Deckmantel des moralisch Absoluten manifestiert, wie etwa Menschenrechte, Gleichheit der Menschen untereinander oder Gewaltverzicht.

All dies sind klassische Fälle des postachsenzeitlichen Guten, das das menschliche Gedeihen überschreitet bzw. transzendiert, auch wenn es manchmal so aussieht, als sei es notwendig für das Gedeihen – notwendig, aber individuell. ›Transzendenz‹ ist in diesem Zusammenhang ein Schlüsselkonzept und war bereits für Jaspers von entscheidender Bedeutung. Dies ist das zweite Merkmal, das mit der Achsenzeit einhergeht. Allerdings spreche ich von ›Transzendenz‹ in einem speziellen Sinn. Mit der achsenzeitlichen Revolution wurde ein Standpunkt entwickelt, von dem aus man die existierende soziale Ordnung beurteilen konnte, indem man sich auf die Vorstellung von einem höheren Guten konzentrierte. Von hierher stammt die Fähigkeit, über die Reihe von ›Einbettungen‹ hinauszugehen, die charakteristisch sind für vorachsenzeitliche Zivilisationen. Denn gemäß der traditionellen Weltanschauung wird das Individuum als in eine Gesellschaftsform ›eingebettet‹ verstanden, die wiederum im Kosmos eingebettet ist, der letzten Endes vielleicht im Göttlichen eingebettet ist. Daher kann keine Form von Rebellion gegen die bestehenden Mächte dem Horizont dieser ineinander verwobenen Ordnungen entfliehen.

Doch kann im Zuge der achsenzeitlichen Wende alles – auch das Universum – aus einem Blickwinkel kritisch betrachtet werden, der über diese Wende hinausgeht: Es handelt sich also um einen höheren Standpunkt, der außerhalb des Zyklus menschlicher Blütezeit und Verfalls liegt. Im Konfuzianismus, um nur ein Beispiel zu nennen, kann Kritik aus der Sichtweise des Mandats des Himmels geübt werden (*tian mìng* bzw. *Tiānming*).

Und genau diese Befähigung, über seine spezielle eigene Verortung in Raum und Zeit hinauszugehen, ermöglicht es, Zugang zu finden zum menschlichen Gesichtspunkt als solchem, der am Ursprung des dritten Unterscheidungsmerkmals der achsenzeitlichen Wende liegt, nämlich zum Universalismus oder zumindest zum ›impliziten‹ Universalismus. Aus der neuen Perspektive gesehen hört man also damit auf, seine Sicht von einem guten oder erfüllten Leben einfach als das ideale Leben für eine jede Person, die griechisch, jüdisch, sumerisch oder chinesisch geprägt ist, zu verteidigen. Selbst Aristoteles, der zweifellos abwertende Bemerkungen über Nichtgriechen in seinem Umfeld machte, tat dies angesichts eines tieferen Verständnisses von den Zielen des menschlichen Lebens an sich. Als Schüler Platons sah er sich nämlich in der Position, eine Definition dafür zu liefern, worum es bei der Menschheit überhaupt geht. So sieht der Standard aus, der für jeden Menschen gilt, ungeachtet der Frage, wo man geboren wurde oder wo man lebt.

Um diesen groben Überblick über die Innovationen, die im Verlauf der achsenzeitlichen Revolution in der Religionsgeschichte eingeführt wurden, zu Ende zu bringen, sollte man nicht vergessen, dass das, was wir heutzutage Religion nennen, in der früheren vorachsenzeitlichen Welt keine eigene Sphäre darstellte, die vom Rest des sozialen Lebens getrennt war. Schauen wir uns zum Beispiel Rom an, wird schnell deutlich, dass religiöse Kulte, Rituale und Opferhandlungen so stark mit all den anderen gesellschaftlichen Praktiken verwoben waren, dass man sagen könnte,

Religion sei überall und allgegenwärtig.[3] Und auch das war dann bald nicht mehr der Fall.

3. Nachachsenzeitliche Religionen: Universell, aber unterschiedlich

Bisher habe ich einen großen ›Schnitt‹ in der Religionsgeschichte ausgemacht, in der vollkommen unterschiedliche Phänomene auftraten, die einige Aspekte miteinander gemeinsam haben, sich dann aber wiederum alle sehr voneinander unterscheiden.

Die zweite Dimension der Bedeutungsvielfalt in den gegenwärtigen Verwendungen des Begriffs ›Religion‹, der ich mich nun gedanklich widmen möchte, bezieht sich nicht so sehr auf die gemeinsamen Elemente, sondern auf die Unterschiede zwischen jenen großen Weltreligionen, die aus der achsenzeitlichen Revolution hervorgegangen sind. Ich möchte also herausfinden, auf welche Weise diese vier achsenzeitlichen Revolutionen religiöse Traditionen hervorbrachten, die sowohl Ähnlichkeiten als auch unverkennbare Unterschiede miteinander aufweisen. Für dieses Vorhaben orientiere ich mich an einem exzellenten Buch des niederländischen Anthropologen Peter van der Veer: *The Modern Spirit of Asia*.[4] Um sich darüber klar zu werden, auf welch unterschiedliche Weise Religion in den unter-

3 Zu der Vorstellung »la religion est partout« vgl. die Diskussion in Danièle Hervieu-Léger, *Le pèlerin et le converti. La religion en mouvement*, Paris 1999, S. 20 f.

4 Vgl. Peter van der Veer, *The Modern Spirit of Asia: The Spiritual and the Secular in China and India*, Princeton 2013.

schiedlichen postachsenzeitlichen Gesellschaften aufgefasst wird, bedient sich van der Veer einer Reihe sich stark voneinander absetzender Unterscheidungen (›Religion‹ im Vergleich zu ›Magie‹, ›Religion‹ im Vergleich zu ›Spiritualität‹, ›Religion‹ im Vergleich zu ›Säkularität‹), die uns zu begreifen helfen, was hinter der Bedeutungsvielfalt in der modernen religiösen Erfahrung liegt.

Wenden wir uns zunächst dem Gegensatz zwischen ›Religion‹ und ›Magie‹ zu, der in der einen oder anderen Form in all den von van der Veer untersuchten Zivilisationen vorkommt und der für die abrahamitischen Religionen von besonderer Bedeutung ist. Sie alle haben große Sorge in Bezug auf Götzendienst. Ihr Hauptgegner war jenes eigentümliche historische Konstrukt, das als ›Heidentum‹ bezeichnet wird. Tatsächlich sollte die Unterscheidung an sich nicht notwendigerweise den Gegensatz von ›gut‹ und ›böse‹ widerspiegeln: Magie gehört also nicht notwendigerweise zur Handlungsweise von Heiden. Sprechen wir von ›Magie‹, denken wir vor allem an Techniken, um spirituelle Wesenheiten von ungewisser Beschaffenheit zu beeinflussen, die traditionell als Mächte angesehen werden, die über Wirkmächtigkeit verfügen. Dennoch erwies sich die Richtung, die die Kirche im lateinischen Christentum nahm, als eine andere. Für die Entwicklung des Christentums in der frühen Neuzeit stellen wir nämlich fest, dass die aggressive Vorgehensweise gegenüber anderen, als heidnisch erachteten Religionen immer stärker sich um die Magie drehte und auf sie abzielte. Dieser Wandel der Einstellung wurde, wie ich schon sagte, befeuert von einer wachsenden Sorge in Bezug auf den Götzendienst und einer Aversion gegenüber den ›heidnischen‹ Wurzeln der unterschiedlichen Spielarten der Magie oder des Aberglaubens. Daher tritt die Unterscheidung zwischen ›weißer‹ Magie (wie etwa die Heilung einer Tierkrankheit wie der Maul-und-Klauen-Seuche) und ›schwarzer‹ Magie (wie etwa das Töten eines Feindes durch die Kraft eines Fluches oder Zauberspruchs) – im Mittelalter und zu Beginn der frühen Neuzeit in Europa noch allgemein bekannt – ab einem gewissen Zeitpunkt mehr und mehr in den Hintergrund. Letzten Endes blieben am Ende dieser Entwicklung nur eine totale Ächtung der Magie und der scharfe Gegensatz zwischen wahrem Glauben und Götzendienst übrig.

Dieses Resultat, sobald einmal ins Deutsche ›übertragen‹, stimmt mit der ›Entzauberung‹ (oder präziser ›Entmagisierung‹) der Welt überein, wie sie Max Weber diagnostizierte. Letzten Endes könnte man sagen, dass die westliche Auffassung von Magie von den Praktiken geformt wurde, die nach und nach der ›wahren Religion‹ ausgetrieben wurden. Auf diese Weise verfestigte sich eine dualistische Sichtweise darüber, was Magie ist und was sie nicht ist.

Dieser Dualismus spiegelt sich in anderen typisch modernen strengen Zweiteilungen bzw. Dichotomien wie etwa die zwischen Vernunft und Unvernunft, Geist und Körper oder objektiv und subjektiv wider. In meinem Buch *Ein Säkulares Zeitalter* habe ich diese historische Entwicklung im Sinne eines Aufkommens des ›abgepufferten Selbst‹ interpretiert, d. h. im Sinne einer Kultur, die sich selbst begreift auf der Grundlage eines starken Gegensatzes zwischen dem, was ›bedeutungsvoll‹ sein könnte (dem Mentalen), und dem, was grundsätzlich ›bedeutungslos‹ sein könnte (die physisch erfahrbare Welt).[5] Idealerweise sollte es zwischen den beiden Sphären keine Verwechslung oder poröse Durchlässigkeit geben. Dennoch können die Widersprüchlichkeiten, die mit dem Prozess einhergingen, der letzten Endes zu der Verbreitung dieser neuen Auffassung führte, eine Person zu sein – das, was ich als das ›abgeschlossene Selbst‹ bezeichnet habe –, uns dabei helfen nachzuvollziehen, wie es überhaupt zu dem außergewöhnlichen und bis heute nie wirklich plausibel begründeten Hexenwahn kommen konnte, der Europa und die Kolonien der Europäer im Verlauf des 17. Jahrhunderts erfasste.

Während für die meisten mittelalterlichen Denker die Existenz von Hexen kein großes Problem darstellte oder [...] als reiner Unfug verworfen werden konnte, kann man die Hexenverfolgungen der frühen Neuzeit teilweise damit erklären, dass sie eine Nebenerscheinung eines wachsenden Bewusstseins für das Sündige der Magie als Gegenpart zum vernünftigen Glauben waren. Dieser Gipfelpunkt intellektueller Finsternis widerspricht, nimmt man ihn wirklich ernst, sicherlich der Auffassung eines unaufhaltsamen Fortschritts Richtung Aufklärung. Doch verlaufen solche kulturellen Entwicklungsrichtungen tatsächlich nie linear und verstärken womöglich zunächst den Einfluss jenes Teils der menschlichen Erfahrung, der ausgetrieben und in die Schatten verbannt wird, dabei aber im Extremfall etwas hervorbringt, das kollektivem Wahnsinn nahekommt.

Abgesehen davon: Schauen wir stattdessen auf den Fall China, erkennen wir schnell einen scharfen Gegensatz. Jene Praktiken, die im Chinesischen *míxìn* genannt werden

5 Vgl. Charles Taylor, *A Secular Age*, Harvard 2007, Kap. 1.

(dieser Begriff wird gewöhnlich mit ›Aberglaube‹ übersetzt) und zu denen Zauberei, Exorzismus, Wahrsagung, Geistbesessenheit, Schreibmedien, Geomantie (*fēng shuǐ*) usw. gehören, sind, obwohl sie als minderwertig angesehen werden, nie vollständig aus dem religiösen Leben der Menschen verbannt worden. Obwohl es die Kategorie des ›bösen Kults‹ gibt, der so bezeichnet wird, weil er moralisch inakzeptable Auswirkungen auf die Welt hat, überdauerte in der chinesischen Zivilisation die Vorstellung einer möglichen Koexistenz von etwas Höherem, das als ›Religion‹ bezeichnet wird, und diesen Arten der Abwicklung des Heiligen.

Wie Ihnen vielleicht bekannt ist, werden gegenwärtig fünf grundlegende Religionen in China anerkannt: Daoismus, Buddhismus, Islam, der Katholizismus und der Protestantismus (Letztere werden als zwei voneinander getrennte Religionen, nicht aber als zwei Spielarten ein und desselben religiösen Glaubens verstanden), während ›magische‹ Rituale und Praktiken als gesonderte Realität an sich behandelt werden, und zwar minderwertig, ohne dass man sie dabei als abscheulich stigmatisieren würde. Um es zusammenzufassen: Es nützt nichts, sich auf die westliche Unterscheidung zwischen Magie und Religion zu verlassen, um eine scharf umrissene Definition von ›Religion‹ zu erhalten. Kurz: Man gelangt zu unterschiedlichen Ergebnissen, je nachdem, welche unterschiedlichen kulturellen Kontexte vorliegen und wie die Grenze zwischen Religion und Magie gezogen wird.

Kehren wir zum Fall westliche Welt zurück: Verwenden wir statt Magie und Religion ein anderes konzeptionelles Paar, nämlich ›Religion‹ und ›Spiritualität‹, und eine weitere relevante Abgrenzung, stoßen wir auf eine interessante semantische Nuance. Menschen, die sich in unseren Gesellschaften gern als »spirituell, aber nicht religiös« bezeichnen, vertreten oft Standpunkte wie: »Es ist ja nicht so, dass ich jeden Aspekt von Religion verwerfe: Ich akzeptiere nur die dogmatische Autorität der Kirchen einfach nicht. Wenn es um solche Belange geht, möchte ich selbständig denken.«

Dahinter steckt jedoch mehr als eine reine Ablehnung von Autorität. Ich würde eine solche Einstellung eher als eine ablehnende Haltung gegenüber dem ›kultischen‹ Aspekt der Religion beschreiben.[6] ›Spirituelle‹ Menschen lehnen nämlich derartige rituelle Handlungen wie etwa die katholische Messe, die verpflichtenden Gebete der Muslime (Salāt), das Fasten oder die Reinigung vom Aberglauben für Protestanten ab, die im Laufe der Zeit ersonnen und eingeführt wurden, um es den Menschen zu ermöglichen, sich Gott anzunähern. Innerhalb des neuen kulturellen Klimas ist es besonders diese rituelle Dimension, die zur Zielscheibe der Kritik und mit Argwohn betrachtet wird. An ihre Stelle treten spirituelle Praktiken der Meditation, der Askese oder der Selbstdisziplin, und eben diese Praktiken verkörpern nach Ansicht derjenigen, die sie befolgen, die

6 Ich verwende hier die Vorstellung von ›Kult‹ in Anlehnung daran, wie der Begriff in dem französischen Gesetz zur Trennung von Kirche und Staat von 1905 Verwendung findet. Es wird hier stets auf ›Kulte‹ Bezug genommen, also nicht so sehr auf spezielle Überzeugungen, sondern vielmehr auf die Art und Weise, wie die jeweiligen Überzeugungen von den Gläubigen durch Andachtsübungen wie etwa Liturgie oder Gottesdienst verwirklicht werden.

authentische Bedeutung eines wahren spirituellen Bemühens.

Kurz: Wir begegnen hier einem neuartigen Grenzgebiet und einer neuen Definition dessen, was Religion ist. Doch spaltet man im Zuge dieser Herangehensweise, eine Grenze zu ziehen zwischen dem, was ›religiös‹ ist, und dem, was ›nichtreligiös‹ ist, etwas auf, was in vielen religiösen und spirituellen Traditionen keineswegs voneinander getrennt ist, nämlich einen innigen gemeinschaftlichen Glauben oder Gottesdienst.

Wenden wir uns abschließend der etablierten Unterscheidung von ›Religion‹ und ›Säkularismus‹ zu, so stoßen wir auf andere interessante Unterschiede, und zwar entsprechend den Kontexten, in denen wir uns befinden. ›Säkular‹, so meine ich, kann in den unterschiedlichen nachachsenzeitlichen Zivilisationen nicht denselben Sinngehalt haben. Besonders augenfällig dürfte in dieser Hinsicht erneut das Beispiel China sein. Tatsächlich hört man oft, China sei immer schon ›säkular‹ gewesen, und viele neigen dazu – trotz des Anachronismus –, diesen angeblichen ›Säkularismus‹ im Zusammenhang mit dem modernen westlichen Kulturkampf zwischen Gläubigen und Skeptikern zu deuten. Diese Leute haben dabei im Sinn, dass der Konfuzianismus streng genommen nie als Religion definiert wurde und lange Zeit die vorherrschende Ideologie im Staat war. Gleichzeitig jedoch erhielt sich der chinesische Staat durch eine Reihe von Ritualen am Leben (denken Sie nur an die Bedeutung der Vier Himmelskönige bzw. der Hüter der vier Hauptrichtungen) und war deshalb entsprechend dem vorherrschenden modernen Sinn nach weder ›säkular‹ noch ›religiös‹.

Und in der Tat: Fragt man Chinesen, wie ihre religiösen Überzeugungen aussehen, würden die meisten antworten, dass sie keiner Religion angehören. Doch selbst dann, wenn sie ihre wahren Überzeugungen aus Gründen der Vorsicht verbergen, praktizieren sie oft *fēng shuǐ* oder andere ›Kulte‹. Die Wahrheit lautet also: Will man dem Konfuzianismus einen angeblich säkularen Status zuschreiben, so kann man dies nicht ablösen von den Unterscheidungen von ›Religion und Magie‹ und ›Religion und Spiritualität‹, wie es weiter oben erörtert wurde. Nur dann, wenn man diese Unterscheidung übersieht, kann man behaupten, die Mehrheit der Chinesen sei heute nicht religiös, solange sie nämlich regelmäßig versöhnende oder fromme Riten praktizieren und deshalb kein streng genommen säkulares Leben gemessen an dem, was man in der modernen westlichen Welt für gewöhnlich unter Säkularismus versteht, führen.

4. Eine dynamische Bedeutungsvielfalt

Bislang habe ich die Bedeutungsvielfalt des Begriffs ›Religion‹ im Wesentlichen im oben erläuterten statischen Sinne erörtert. Das, was wir in der modernen westlichen Welt normalerweise unter ›Religion‹ verstehen, hatte vor der achsenzeitlichen Wende eine bestimmte und nach der achsenzeitlichen Wende wiederum eine andere Bedeutung. Und innerhalb eines nachachsenzeitlichen Kontexts bezeichnet ›religiös zu sein‹ unterschiedliche Dinge, nämlich jeweils entsprechend den unterschiedlichen Zivilisationen, in denen die achsenzeitliche Revolution Gestalt annahm. Die Versuchung ist groß, dieselben Konzepte zu benutzen, doch geschieht dies auf eigene Gefahr, denn die Bedeutung der Konzepte verändert sich je nach Kontext und im Licht der gesamten Konstellation von Praktiken, Überzeugungen und Einstellungen, in denen diese Konzepte in diesem speziellen Kontext Anwendung finden.

Von jetzt an möchte ich die Bedeutungsvielfalt von ›Religion‹ aus einer dynamischeren Perspektive untersuchen. Dabei werde ich mich insbesondere auf jene Fälle konzentrieren, in denen Religion als Identitätsmarker für politische Mobilisierung dient. An anderer Stelle habe ich gefordert, dass die Bürger des modernen Nationalstaats gemäß seinen politischen Institutionen ständig davon überzeugt oder bisweilen sogar dazu gezwungen werden müssen, als kollektive Akteure in Erscheinung zu treten.[7] Innerhalb dieses Kontexts dienen tief verwurzelte oder schlichtweg imaginierte nationale Identitäten oftmals als effektives Mittel dafür, um Menschen zu rekrutieren und zu mobilisieren. Religion wiederum kann dazu beitragen, diesen Identitäten bei jenen, die sie aufgreifen und praktizieren, noch mehr Widerhall zu geben.

Es ist dem Mangel an Zeit und Platz geschuldet, dass ich nicht imstande sein werde, mehr als ein paar in diesem Zusammenhang relevante historische Beispiele anzuführen, die ich gleichzeitig getrennt voneinander und zusammenhängend präsentieren möchte.

Wie kommt es, dass Religion zu einem Kennzeichen für eine politische Organisation wird?

7 Vgl. Charles Taylor, »Democratic Exclusion (And Its Remedies?)«, in: *Dilemmas and Connections. Selected Essays*, Cambridge 2011, S. 124–145.

Ich beginne mit jenen Mobilisierungen, die auf einer ›ursprünglichen‹ Interpretation der religiösen Identität eines Volkes beruhen. Diese ursprünglichen Zugriffsweisen stützen sich auf eine machtvolle Intuition. Allem liegt die Vorstellung zugrunde, dass man, um die Gesellschaft wiederzubeleben, der man angehört, notwendigerweise zu den Ursprüngen zurückkehren muss, weil die eigene Zivilisation (oder Gemeinschaft oder Tradition) nur in grauer Vorzeit wahrhaft reichhaltig und authentisch war oder gedeihen konnte usw. Um dies zu erreichen, kann Politik ein effektives Mittel sein, insbesondere dann, wenn die gegenwärtige Situation als ein Stadium des Niedergangs und der Unterdrückung erlebt wird oder man den Eindruck hat, von äußeren Faktoren beherrscht zu werden. Indem man politisch aktiv wird, kann man also näher zu den Ursprüngen der eigenen Identität gelangen und die Zivilgesellschaft gegen Korruption in Schutz nehmen.

Dieses starke Gefühl von Nostalgie in Bezug auf vergangene Zeiten und Orte teilen heutzutage viele Menschen, unabhängig davon, ob es sich um Muslime, Christen oder Angehörige anderer Glaubensrichtungen handelt. Der andauernde Erfolg der Muslimbruderschaft in der islamischen Welt etwa lässt sich zum Teil mit der Feindseligkeit dieser Bewegung gegenüber der modernen Welt erklären, aber auch mit ihrer auf Konfrontation ausgerichteten Suche nach der besten Formel für eine gerechte Gesellschaft, die sich etwa von Kommunisten, Nationalisten, Säkularisten oder Liberalen abgrenzt. Einerseits haben wir hier die Diagnose, dass die westliche Moderne versagt, andererseits einen Aufruf, aktiv jene Ursprünge einer verlorenen Lebensweise wiederaufleben zu lassen, die besser war als die gegenwärtige.

Hier ist nun subtile Ironie am Werk. Denn trotz der Absichten der daran beteiligten Menschen erscheint uns diese Aufforderung, andere zu mobilisieren, paradoxerweise sehr modern. Oft hören wir, der strenge religiöse Buchstabenglaube und der Fundamentalismus seien kein Erbe der Vergangenheit und beides habe es nicht gegeben, bevor die moderne Lebensform die vorherrschende Lebensweise auf dem Planeten wurde. So gesehen gehört ein gewisser unfreiwilliger Einfallsreichtum zu der ursprünglichen Bewegung, die dem eigenen selbsternannten Traditionalismus zuwiderläuft. Und dieser Einfallsreichtum wird in mehreren politischen Kontexten von militanten in unserem Sinne ursprünglichen Minderheiten ausgelebt, die versuchen, ihre Sichtweisen der Mehrheit ihrer Glaubensgenossen aufzuzwingen, die sich aus Sicht der Minderheiten auf einem Irrweg befindet. Ein typisches Beispiel bietet Indonesien, wo die Interpretation des Islam mehrheitlich offen ist und in Einklang gebracht wird mit Indonesiens hindu-buddhistischen Ursprüngen, während gleichzeitig eine Minderheit von kompromisslosen Salafisten zurückschlagen und das wiederherstellen wollen, was sie als eine reinere Version des Islam verstehen.

In diesem Sinne mag es uns erstaunen, wenn wir erkennen, dass Religion auch als eine entscheidende Waffe im Kampf gegen den Kolonialismus liberaler Bewegungen eingesetzt wurde, die keinesfalls ursprünglich zu sein scheinen. Das trifft insbesondere auf arabische Länder zu, deren Gefühl, eine gemeinsame historische Identität zu haben, oftmals einherging mit der Wiederentdeckung ihrer religiösen Wurzeln. Doch ist der Prozess, der von dem Bedürfnis nach Mobilisierung ausgelöst wird, in Wirklichkeit sehr viel komplexer und überraschender als das. Tatsächlich können die Menschen eine sehr spezielle Vorstellung von ihrer ›Religion‹ bekommen. Sie können sich zum Beispiel mit einer bestimmten historischen Zivilisation identifizieren und darin weniger einen ›Kult‹ oder eine vertraute spirituelle Bezugsquelle, als vielmehr ein starkes politisches Merkmal gegen jemand anderen sehen.

Wenn wir uns zum Beispiel die Debatten vergegenwärtigen, die aufkamen, als die Türkei sich erhoffte, der Europäischen Union beitreten zu können, stellen wir ohne Weiteres fest, dass der Verweis auf das Christentum in vielen Fällen von säkular eingestellten Politikern gemacht wurde, und zwar mit explizit anti-islamischer Absicht, und dass mit diesem Verweis bloß eine oberflächliche Zugehörigkeit zu einer besonderen Zivilisation oder historischen Kultur signalisiert wurde. Mit anderen Worten: Die Zielsetzung war klar weltlich, und ›Religion‹ – in diesem Fall das Christentum – wurde nur instrumentalisierend ins Spiel gebracht, um diese Ziele zu erreichen (falls Sie nicht überzeugt sein sollten, denken Sie nur an Milošević gestern und Viktor Orbán heute). Etwas Ähnliches ereignete sich im Zusammenhang mit der Indischen Volkspartei (BJP): Einer ihrer spirituellen Führer (Vinayak Damodar Savarkar) war ein selbsternannter Atheist, der in der legendären Frömmigkeit und Hingabe der Inder den Keim für eine mögliche politische Identität sah – den hinduistischen Nationalismus (Hindutva). Bei genauerer Betrachtung ist jedoch keine große universelle Religion – auch nicht die Theravāda-Tradition des Buddhismus, wie man am Beispiel von Sri Lanka oder Burma sehen kann – gegen die Versuchung gefeit, Religion in den Dienst einer bestimmten politischen Organisation oder Lebensweise zu stellen.

Natürlich ist jeder Fall anders gelagert, doch bleibt letzten Endes eine Vorstellung davon übrig, dass Religion Identität markiert in dem Sinne, dass dieser Marker sich dafür eignet, festzulegen, wer zur Gemeinschaft gehört und wer nicht, der als solcher aber meistens nur wenig zu tun hat mit Verehrung oder Spiritualität.

Doch liegen die Dinge noch komplizierter (und dynamischer) als das. Denn im Verlauf der letzten 50 Jahre sind wir Zeuge einer graduellen Verschiebung geworden: Religion wurde nicht mehr als Zivilisationsmarker (oder als ›bürgerliche Religion‹) genutzt, sondern wurde zum eigentlichen Ziel des politischen Konflikts. Die komplizierte Lage in Pakistan bietet ein exzellentes Beispiel für solch eine Verschiebung. Mohammad Ali Jinnah, der Gründungsvater des pakistanischen Staats, hatte eine offene und tolerante Vorstellung vom Islam. Er war imstande, authentische religiöse Hingabe, ein tiefes Gespür für die islamische Identität der Nation, aber auch eine bemerkenswerte Toleranz gegenüber den Unterschieden, die der muslimischen religiösen Tradition innewohnen, miteinander in Einklang zu bringen. Sollte man Pakistans Entwicklungsverlauf während der letzten fünfzig Jahre beschreiben, wüsste man nicht, wie man ihn angemessen darstellen soll, wenn nicht als eine konstante Verschiebung hin zu einer immer engeren Auslegung der sunnitischen Identität des Landes. Geradezu symbolisch aus diesem Blickwinkel ist der Entwicklungsverlauf der North Western Frontier Province (NWFP), eines Gebiets, das heute eher für die Gräueltaten der Taliban bekannt ist und nicht so sehr für das pazifistische Vermächtnis des Abdul Ghaffar Khan (auch Badshah Khan), der auch der ›Frontier Gandhi‹ genannt wurde – Khan setzte sich sein ganzes Leben für das Ideal einer religiösen Harmonie ein, für ein Ideal, das gegenwärtig überall auf der Welt utopisch zu sein scheint.

In der Zwischenzeit war also etwas passiert, und diese Veränderung ruft Bestürzung hervor. Es ist nicht leicht, diese Verschiebung hin zu einer ursprünglichen und puristischen Auffassung von Religion vollständig zu verstehen, insbesondere dann, wenn wir uns eine beunruhigend politisch-religiöse Bewegung wie Boko Haram ansehen, deren blutige Verbrechen 2014 im Norden Nigerias in den Nachrichten in den Mittelpunkt rückten, als 276 Schülerinnen von ihnen entführt wurden. Eines sollte inzwischen einleuchten: Das, was ich oben ›Ursprünglichkeit‹ genannt habe, also die Überzeugung, das Heil könne man nur erlangen, indem man Menschen bekehrt, die auf Biegen und Brechen der Reinheit des Ursprungs sich unterwürfig zeigen sollen, stellt jedoch ein zwiespältiges historisches Phänomen dar. Befeuert wird es offensichtlich nicht nur von der Aussicht auf ein Wiedererstarken oder auf eine historische Vergeltung gegenüber kolonialen oder neokolonialen Mächten, sondern auch – wenn nicht gar in erster Linie – von einem Gefühl von Unordnung, Korruption, Ungerechtigkeit, Unreinheit, hervorgerufen von einer politischen und sozialen Realität, die als degeneriertes Produkt des modernen westlichen Einflusses empfunden wird.

Dennoch gibt es, um es zum Abschluss zu bringen, nichts Unvermeidliches an diesem Prozess. Das ist die Hauptlehre, die ich aus meiner statisch-dynamischen Analyse der Bedeutungsvielfalt der ›Religion‹ ziehe. Hinter vielen heutigen Beispielen von religiöser Gewalt stecken in Wahrheit zufällige Ursachen. Denken Sie nur an Öl. Diejenigen, die behaupten, die Hauptursache unserer heutigen Probleme rühre, politisch gesprochen, daher, dass der Großteil der fossilen Brennstoffe im Boden der arabischen Halbinsel lagere, sind im Grunde gar nicht so weit von der Wahrheit entfernt. Mit dieser Erkenntnis richten wir womöglich den Blick auf einige relativ marginale historische Ereignisse, wie etwa die Kampfhandlungen während und nach dem Ersten Weltkrieg, die darauf abzielten, die Kontrolle über Mekka zu erlangen. Vor diesem Hintergrund stellt sich die Niederlage der Haschemiten, die sie im Krieg um die Provinzen Hedschas und Nadschd gegen den saudischen Sultan Abd al-Aziz ibn Saud erlitten, schlussendlich als eine globale politische Katastrophe dar, da einem Regime, das von einer ursprünglichen Auffassung in Bezug auf den Islam durchdrungen war, Unmengen Geld in die Hände fiel. Dieses Geld verwendete das Regime dann, um seine Auffassung vom Islam überallhin zu verbreiten.

Obwohl historische Ereignisse wie dieses den Verlauf der Geschichte in eine bestimmte Richtung gelenkt haben, bedeutet das noch lange nicht, dass wir uns in Fatalismus abfinden und dem Unerwarteten und Zufälligen in der Geschichte der Menschheit jede Rolle absprechen müssen. Selbst in unserer Zeit sind Anzeichen für einen anderen Trend erkennbar, etwa die politischen Veränderungen in Tunesien, die eine ganz andere Entwicklung nahmen als die tragische Entwicklung, die zum blutigen Bürgerkrieg in Syrien führte.

Doch auch dann, wenn kein fatales Verhängnis mit im

Spiel ist, müssen diejenigen, die eine deterministische Auffassung von Geschichte verwerfen, trotzdem erklären, wie es in jüngerer Zeit zu der Verschiebung zum Ursprungsdenken kommen konnte. Das müsste weiter untersucht werden, und zwar auch deshalb, weil diese Verschiebung das übrige religiöse Leben nicht unverändert ließ. Es zeigen sich in der Tat systemische Effekte in der Geschichte der Menschheit, die übersehen oder missachtet werden, auf eigenes Risiko. Die Auswirkungen des Ursprungsdenkens auf den globalen öffentlichen Raum der Spätmoderne sind nicht von der Hand zu weisen. Das Verlangen, die eigene Identität einer Reinigung zu unterziehen, wird sogar tendenziell größer, wenn sich der Kampf um internationale Anerkennung verstärkt und immer gewaltsamer vonstattengeht. Die Situation ähnelt einem Wettrüsten: Ständig kämpft man gegen die Identität anderer, und ständig reinigt man die eigene Identität in Bezug auf andere.

Dieselbe Logik ist auch in der disproportionalen symbolischen Bedeutung am Werk, die ein marginales soziales Phänomen wie das islamische Kopftuch, der Hijab (auch Hidschāb), im Verlauf der letzten Jahrzehnte bekommen hat. Wie Nilüfer Göle in ihren Büchern über die Türkei gezeigt hat, entwickelte sich das Kopftuch unmittelbar nach Atatürks Vorhaben, die Einstellung türkischer Frauen zum Leben zu verwestlichen, nach und nach zum politischen Zankapfel. In diesem Zuge wurde es von den Gegnern des Säkularismus als fundamentaler Bestandteil einer islamischen, politisch-religiösen Identität ins Feld geführt.[8] So-

8 Vgl. Nilüfer Göle, *The Forbidden Modern: Civilization and Veiling*, Ann Arbor 1996.

wie der perverse Mechanismus von Aktion und Reaktion einmal in Gang gesetzt worden war, verblasste die Sensibilität für leisere Zwischentöne sogar auf der anderen Seite der Barrikade immer weiter, und so wurde das Kopftuch letzten Endes allgemein als Objekt eines Ursprungskampfes – eines ›Kulturkampfes‹ – wahrgenommen. Dieser Kreislauf aus Reaktionen ist Teil jener Dynamik, von der ich hier spreche.

Daher können Menschen, die über kein ausgefeiltes Verständnis von Geschichte oder Theologie verfügen, dogmatisch davon überzeugt sein, die Geschichte der Menschheit kreise um einen Ursprünglichkeitskonflikt zwischen dem Islam und dem Westen, ganz so, als würden wir immer noch im Schatten der türkischen Belagerung Wiens aus dem Jahr 1683 leben. Doch ist das Gegenteil der Fall: Kratzt man auch nur ein wenig an der Oberfläche, wird schnell deutlich, dass der wahre Kampf innerhalb des Islam ausgetragen wird: Die von Saudi-Arabien geführten Sunniten treten an gegen die vom Iran unterstützten Schiiten (d. h. die Anhänger der Schia). Auch wenn sich beide Strömungen noch nicht direkt militärisch gegenübergestanden haben, so tragen sie ihre Konflikte in jedem für sie günstigen geopolitischen Szenario über Dritte aus (das tragischste Beispiel dafür ist sicher der Bürgerkrieg in Syrien). Im Nachhinein könnte man sagen, dass die Geschichte unerwartete Wege eingeschlagen hat. Wir brauchen uns bloß in Erinnerung zu rufen, dass die Revolution im Iran 1979 ursprünglich nicht als religiös motivierte Revolution verstanden wurde. Erst im Lauf der Zeit ergab sich für die religiöspolitische Führungsriege der Schiiten die Gelegenheit, Vergeltung zu üben – und das wiederum löste dann die sunnitische Reaktion aus. Auch hier sehen wir, dass geschichtliche Kontingenzen am Werk sind.

Wie Sie es vielleicht schon selbst richtig erraten haben, ähnelt der Mittlere Osten einem Porzellanladen, den heutzutage eine Horde ganz besonders unvorsichtiger Elefanten betreibt. Und in diesem Zusammenhang ist es auch wenig hilfreich, dass sich heutzutage sogar im Westen neue ›ursprüngliche‹ Ideologien etablieren. Es handelt sich dabei zumeist um verschiedene Ausprägungen eines alles Fremde hassenden, xenophoben Populismus, wobei dem Verlangen danach, »Herr im eigenen Hause zu sein«, große Bedeutung beigemessen wird. In dieser Perspektive betrachtet, scheint zum Beispiel Donald Trumps absichtlich impulsive und theatralische Außenpolitik nicht gerade die beste Strategie gewesen zu sein, um einen vorhersehbaren Krieg zwischen dem Iran und Saudi-Arabien zu verhindern.

Es ist aber noch eine weitere Dynamik am Werk, die, bevor ich zum Abschluss kommen will, durchaus erwähnenswert ist. Das Gleichgewicht innerhalb der religiösen Praktiken wird, so mein Argument, von der Vorstellung beeinträchtigt, dass wir uns gegen andere Menschen verteidigen müssen, die etwas an unserem Selbstverständnis verändern wollen. Weitere Opfer dieses symbolischen Kampfes stellen jene Dimensionen des Glaubens dar, die die wahrhaft spirituellen Dimensionen ausmachen. Gemeint sind die Elemente religiöser Erfahrung, die tatsächlich in die Ecke gedrängt werden.

Eines der Hauptresultate des Dynamisierungsprozesses im Verständnis der Menschen von ›Religion‹ besteht demzufolge in einer Radikalisierung symbolischer Konflikte, und das eigentliche Opfer ist in vielen Fällen eben jene spirituelle Dimension des religiösen Lebens. An dieser Stelle stoßen wir auf eine weitere Quelle der Dynamisierung, die meiner Ansicht nach sehr wichtig ist, solange sie auf schicksalhafte Weise das innere Gleichgewicht religiösen Lebens beeinträchtigt. Ein empirischer Beweis für diese Behauptung besteht im Schicksal des Sufismus im Zusammenhang der ständigen Mobilisierung, die weiter oben erörtert wurde. Tatsächlich wird der Sufismus mit seiner ursprünglich spirituellen und esoterischen Orientierung sowohl in sunnitisch als auch in schiitisch geprägten Ländern mit Argwohn betrachtet und oft von Ursprünglichkeitsvertretern verfolgt. Eine derartige ideologische Feindseligkeit könnte dazu führen, dass die Menschheit eine immense spirituelle Verarmung erleidet. Wie Michel de Certeau in einer zu Recht gerühmten Studie aufgezeigt hat, war der Mystizismus immer schon zu allen Zeiten (zumindest nach der achsenzeitlichen Wende) und an allen Orten der Welt ein Stachel im Fleisch der religiösen Institutionen gewesen.[9] Da diese Erfahrung aber universal ist, kann man vernünftigerweise von allen, die guten Willens sind – ungeachtet der Zivilisation, der sie angehören –, erwarten, dass sie ihren Beitrag dazu leisten, dass diese spirituelle Tragödie gar nicht erst ihren Lauf nimmt oder zumindest so gut wie irgend möglich eingedämmt wird.

9 Vgl. Michel de Certeau, *La Fable mystique. XVIe–XVIIe siècle*, Paris 1982; *Mystische Fabel. 16. bis 17. Jahrhundert*, übers. von Michael Lauble, Berlin 2010.

5. Fazit

Die Bedeutungsvielfalt des Begriffes ›Religion‹ ist eine Tatsache, die wir ernst nehmen sollten. Sie vollzieht sich sowohl statisch als auch dynamisch. Einerseits spiegelt ihre Bedeutungsvielfalt wider, auf welch unterschiedliche Weise ›Religion‹ in den unterschiedlichen nationalen, kulturellen und historischen Kontexten aufgefasst und gelebt wird. Andererseits vollzieht sich die Bedeutungsvielfalt dynamisch und gibt wieder, wie Religion benutzt wird, und zwar als Kraft, die imstande ist, Menschen zu mobilisieren und die Identitäten dieser Menschen wechselseitig und kontrastiv zu formen. Diese Dynamisierung ist oftmals Ausdruck einer Feindseligkeit gegenüber äußeren Gegnern, doch hat dieser konfliktgeladene Impuls auch Auswirkungen auf die Sichtweisen derjenigen, die ursprünglich für diesen Konflikt verantwortlich sind.

Die Aufgabe für diejenigen, die sich mit religiösen Phänomenen beschäftigen, wird sicherlich nicht gerade einfacher angesichts dieser Verflechtung von statischen und dynamischen Elementen. Daher brauche ich wohl auch nicht hinzuzufügen, dass es keine Alternative gibt, wenn wir das Ziel verfolgen, die richtigen Entscheidungen zu treffen: Wir müssen diese Komplexität so gut, wie wir irgendwie können, begreifen.

Anmerkungen über die Ursachen von Gewalt. Von damals bis heute

1. Gewalt: Ein Rätsel

An dieser Stelle möchte ich mich nicht auf Gewalt in all ihren Ausprägungen konzentrieren, zu denen Aspekte wie häusliche Gewalt, Kriminalität und dergleichen gehören. Mich beschäftigt vielmehr die grundsätzliche Gewalt, die sich gegen ganze Gruppen anderer richtet, also gegen Menschen, die man womöglich nie kennengelernt hat oder denen man nie begegnet ist. Ich denke an Gewalt, die einer Minderheit von Sündenböcken gilt oder an Phänomene wie ethnische Säuberungen und Genozide. Und fraglos kommen einem dann auch die Ereignisse vom 11. September 2001 in den Sinn.

Die Tatsache, dass sich Ereignisse dieser Art in unserem sogenannten ›zivilisierten‹ Jahrhundert so oft wiederholen, ist zutiefst beunruhigend. Wie lässt sich dieses Wiederauftauchen von Gewalt erklären? Hat dort etwas die Zeiten ›überdauert‹, erleben wir einen ›Rückfall‹ in vormoderne Zeiten? Zutiefst verstörend ist nicht allein die Tatsache, dass diese Gewalt überhaupt auftaucht und dass Menschen dazu motiviert werden können, ganze Gruppen von Menschen zu töten, oftmals aus offensichtlich irrationalen Gründen, sondern auch, dass sich diese Gewalt (i) häufig ›exzessiv‹ entlädt, dass sie über das ursprüngliche Ziel hinausschießt und noch mehr Opfer fordert oder mit Gräueltaten, mit Verstümmelungen einhergeht. Hinzu kommt, dass sie (ii) eine Rhetorik der Säuberung mit sich führt, wie man an dem Begriff ›ethnische Säuberung‹ sehen kann. Gleichzeitig kann sie (iii) ein rituelles Element aufweisen. Diese beiden letzten Merkmale erinnern uns bisweilen an Arten von Gewalt, die mit Opferhandlungen primitiver Religionen verbunden sind, und genau das kann den Eindruck eines ›Rückfalls‹ verstärken.

Können wir Gewalt auf der Ebene biologischer Terminologie begreifen oder müssen wir zurückgreifen auf das Metabiologische? Ich bediene mich hier der Vorsilbe ›meta-‹ im ursprünglichen Sinne des Wortes wie im Falle von ›metaphysisch‹. Ich beziehe mich nämlich auf das, was hinter oder jenseits der erfahrbaren natürlichen Welt liegt. Was bedeutet das ›meta‹ dann in ›metabiologisch‹? Wir könnten es so beschreiben: Das Biologische ist das, was wir mit anderen Tieren teilen, nämlich dass wir auf Nahrung und Schutz angewiesen sind und Bedürfnisse wie Sexualität haben; es gibt noch andere Dinge, nach denen nur wir allein streben, die aber Bedürfnisse befriedigen, die denen anderer Tiere ähneln, wie etwa Kleidung, die uns warm hält. Den Bereich des Metabiologischen betreten wir dann, wenn wir zu der Bedeutungsebene dieser Bedürfnisse gelangen. In diesem Fall können wir nicht länger darlegen, was mit Ausdrücken aus der Biologie, in jenen mit Analogien aus der Tierwelt, gemeint ist, ebenso wenig können wir feststellen, was genau dieses Bedürfnis befriedigt, wie etwa ein Gefühl für die Zweckgerichtetheit, die Bedeutung oder für den Wert einer bestimmten Lebensart oder Ähnliches.

Wir können soziobiologische Beschreibungsebenen für Sexualität und Gewalt aufsuchen. Wir können uns vorstellen, dass unsere Vorfahren eine Neigung entwickelt haben, zu kämpfen, und dass sie existierten, um falls nötig, andere außerhalb des eigenen Clans zu töten, denn sonst hätten sie nicht überlebt; genau wie wir solche Beschreibungsebenen von der Paarbildung zwischen Mann und Frau haben, die mehr Nachkommen zum Überleben ermöglichte. Vielleicht sind wir sogar der Meinung, dass sich damit heutige Phänomene, wie etwa eine nationalistisch motivierte Mobilmachung für den Krieg erklären, mit der rücksichtslose Angriffe auf den Feind gerechtfertigt werden sollen; oder die Bedeutung von Liebe und Ehe in allen menschlichen Gesellschaften. Dass die Evolutionsgeschichte etwas dazu beigetragen hat, was wir heute sind, muss in gewissem Sinne stimmen. Das Problem bei der Soziobiologie ist nur, wie viel sie erklärt.

Sogar Soziobiologen müssen sich dessen bewusst sein, dass wir komplizierte metabiologische Vorstellungsschemata im Bereich Liebe und Krieg geschaffen, dass wir Vorstellungen von wirklicher, tief empfundener Liebe, oder von Krieg, der einer gerechten Sache dient, haben. Die Frage ist: Erklären diese Schemata des Selbstverständnisses irgendetwas Bedeutendes über unser Verhalten auf diesen Gebieten? Insbesondere diese Vorstellungsschemata sind kultureller Art; sie verändern sich von Gesellschaft zu Gesellschaft. Es ist wichtig, die Veränderungen zu begreifen, um zu verstehen, warum wir tun, was wir tun, oder werden die Hauptmerkmale unseres Handels auf diesen Gebieten im Sinne unseres gemeinsamen evolutionären Erbes ausreichend berücksichtigt?

Niemand würde leugnen wollen, dass diese veränderlichen kulturellen Grundlagen entscheidend sind für ein Verständnis der moralischen und religiösen Auffassungen unterschiedlicher Gesellschaftsstrukturen. Vielleicht müssen wir uns auf die metabiologische Ebene begeben, um die Art und Weise zu verstehen, mit der jede Kultur sich abmüht, die mächtigen, zerstörerischen Kräfte von Sexualität und Gewalt zu kontrollieren. Doch könnte man speziell diese Kräfte vielleicht in rein biologischen Begrifflichkeiten verstehen. Diese Art und Weise, den Bereich aufzuteilen, verträgt sich gut mit Vorstellungen von grundsätzlicher Gewalt als ›Rückfall‹; eine Kultur entwickelt sich und bringt immer höhere Standards moralischen Verhaltens hervor. Heute leben wir mit Vorstellungen von Menschenrechten, die unvergleichlich anspruchsvoller sind als die früherer Zivilisationen. Doch die alten Triebe lauern immer noch irgendwo und warten nur darauf, dass bestimmte Voraussetzungen gegeben sind, die es ihnen erlauben, wieder aus der Versenkung zu kommen. Wir können sogar eine Freud'sche Wendung für diese Interpretation der Dinge anführen: Der Fortschritt der Zivilisation bringt immer striktere Standards mit sich, die gewalttätigem Verhalten ein immer härteres Verbot auferlegen. Frühere Ventilfunktionen, wie Karneval, Aufruhr, öffentliche und ritualisierte Hinrichtungen, Stierkämpfe, Fuchsjagden und andere Dinge, die wir heutzutage als barbarisch erachten, sind alle dem Verbot zum Opfer gefallen. Das verstärkt das Gefühl der Befreiung und das Aufwallen von Erregtheit – beides geht mit Gewaltausbrüchen gegen Gruppen einher, sofern diese letzten Endes zugelassen werden.

Innerhalb dieser erklärenden Arbeitsaufteilung könnten wir überlegen, die Gewalt an sich auf einer rein biologischen Ebene zu erklären, nämlich als etwas, das im menschlichen Leben wahrscheinlich selbst dann unveränderlich bleibt, wenn die Kultur ›sich fortentwickelt‹. Wir stellen fest, dass Männer, und zwar viel häufiger junge Männer, für gewöhnlich die Täter sind. Das könnte darauf hindeuten, dass sich alles rein hormonell erklären ließe. Doch lässt sich tatsächlich alles einfach auf die Frage der Hormone wie Testosteron reduzieren? Das erscheint mir als Erklärung absolut unzureichend. Es ist nicht so, als würden die biochemischen Vorgänge im menschlichen Körper keinen entscheidenden Faktor ausmachen. Es ist vielmehr so, dass diese Vorgänge ein Faktor des menschlichen Lebens nur vermittelt durch die Bedeutung sind, welche die Dinge für uns haben. Die hormonelle Erklärung erklärt uns noch nicht, warum Menschen für bestimmte Bedeutungen anfällig sind. Sie könnte bestenfalls erklären, dass es zu Gewalt kommt, z. B. immer dann, wenn wir auf Widerstand stoßen; etwa: warum Männer, weitaus häufiger als Frauen, in einer Beziehung gewalttätig werden. Doch ist selbst das fragwürdig, denn James Gilligan hat herausgefunden, dass Erniedrigung bzw. Demütigung ein ausschlaggebender Faktor in Fällen von Gewaltanwendung sein kann.[1]

Und wenden wir uns der Gewalt gegen Gruppen zu, sehen wir, dass metabiologische Faktoren oftmals eine entscheidende Rolle spielen. Ja, junge Männer sind davon oft betroffen, wir sehen aber auch, dass sie eher zu Gewalt neigen, wenn sie arbeitslos sind, ausschließlich herumhängen und für sich keine Zukunft mehr sehen, wie etwa in den Flüchtlingslagern in Palästina. Es sind die Vorstellungsschemata der Bedeutung, in denen ihre Leben eingebunden sind und die ihnen das Gefühl einer pulsierenden Zweck-

1 James Gilligan, *Violence*, New York 1996.

gerichtetheit vermitteln, die sie wachrütteln können und ihrem Leben wieder einen Sinn geben. Darüber hinaus bestimmen diese Vorstellungsschemata, wer Landsmann und wer Feind ist.

Und dann ist da noch das, was ich weiter oben, ein wenig euphemistisch das ›Exzessive‹ genannt habe, das diese Gewalt oft begleitet. Das kann für die Täter eine Art ›Hochgefühl‹ sein, das es uns erlaubt und uns dazu verleitet, alle zulässigen Grenzen zu überschreiten. Ein aufmerksamer Beobachter hält dazu in einem kürzlich erschienenen Buch fest:

> Die gottgleiche Machtausübung über andere Menschen und der Rausch des Krieges gehen eine Verbindung ein, so dass unser Körper, wie bei der Ekstase der erotischen Liebe, von unseren Sinnen beherrscht wird. Das Töten entfesselt in uns dunkle Unterströmungen, die dazu führen, dass wir uns entweihen und uns selbst in immer größere Gewaltorgien treiben. Die Toten, denen man in Friedenszeiten mit Respekt begegnet, werden im Krieg geschändet. Sie werden zu Gegenständen der Performance-Kunst. In Bosnien wurden Leichen an Scheunentore genagelt, enthauptet oder wie weggeworfene Kleidung über Zäune gelegt. Man warf die Toten in Flüsse, Menschen verbrannten bei lebendigem Leibe in ihren Häusern, wurden in Lagerhallen zusammengetrieben, erschossen und verstümmelt und sterbend am Wegesrand zurückgelassen. Kinder liefen auf den Straßen an den Toten vorbei, starrten sie an und gingen weiter.[2]

2 Chris Hedges, *War Is a Force That Gives Us Meaning*, New York 2002, S. 89. In *Humanity*, New Haven, CT, 1999, S. 56, weist Jona-

Wir neigen dazu, diese Art von barbarischen Auswüchsen damit zu erklären, dass es sich um Rückfälle in frühere, weniger zivilisierte Zeiten handelt. Ich bin jedoch der Meinung, dass wir in diesem Punkt einer gefährlichen Täuschung erliegen. Doch selbst wenn es wahr sein sollte, würde es nicht bedeuten, dass das Archaische hier mit biologisch und nicht mit kulturell gegründeten Begriffen zu erklären wäre.

Wir könnten versucht sein, das Hochgefühl und die wilde Ausgelassenheit damit zu erklären, dass diese zugrundeliegenden Triebe in unserer modernen Zivilisation stark eingeschränkt sind und sogar unterdrückt werden – und dass genau das erklären könnte, warum es zu dieser ungezügelten Gewaltentladung kommt, sobald wir uns gehen lassen können. Und diese Sichtweise ließe sich noch bekräftigen, wenn wir feststellen, wie Gewaltausbrüche auch eine Art Aphrodisiakum sein können, das sexuelle Begierden auslöst und dem Täter eine erotische Aura verleiht.[3]

Doch selbst dann, wenn wir uns zurück zu den ›barbarischen‹ Zeiten wenden, also in jene Zeit vor den strengen Verboten der modernen Zivilisation, stellen wir fest, dass diese beiden Triebe von frühester Zeit an mit metabiologischer Bedeutung verknüpft waren. Sexualität stand in

than Glover auf dasselbe Gefühl von Erregtheit angesichts Macht hin, die manche Menschen im Kampf verspüren. Krieg, so zitiert er einen Vietnam-Veteranen, komme »für Männer auf einer gewissen furchtbaren Ebene dem am nächsten, was Frauen unter der Geburt verspüren: Die Initiation in die Macht über Leben und Tod. Es ist so, als würde man eine Ecke des Universums anheben und nachschauen, was sich darunter befindet«.

3 Hedges erwähnt dies ebenfalls in *War Is a Force*, S. 98–105.

Verbindung zum Heiligen, in Gestalt von Ritualen wie die heilige Ehe oder Tempelprostitution. Die Gewalt gegen Gruppen in Form von Krieg reicht weit in der Menschheitsgeschichte zurück. Keegan führt an, dass auch der Krieg zunächst größtenteils ritualisiert war.[4] Das begrenzte den Schaden. (Die Ironie dabei ist, dass ›Fortschritt‹ in Hinblick auf Krieg größere Zerstörung bedeutete, weil es sich um ›vernunftbestimmte‹ Handlungen handelt.) Und dann ist da die reichhaltige und vielfältige Geschichte der Menschenopfer.

Demzufolge müssen wir nicht nur unsere Bemühungen, entfesselte sexuelle Begierden und Gewalt zu kontrollieren, in metabiologischer Hinsicht verstehen; diese ›Triebe‹ selbst muss man anhand der Vorstellungsschemata der Bedeutung erfassen, die ihnen in unserem Leben Gestalt verleihen.

Mein Ziel besteht deshalb in dem Versuch, einige dieser Bedeutungen zu benennen. Exzess, Reinigung und Ritual scheinen zurückzuweisen auf eine ›primitive‹ historische Epoche, tatsächlich auf eine ›primitive‹ Religion. Stellen diese Phänomene dann lediglich ›Rückfälle‹ dar?

Ja und Nein. In dieser alten Geschichte zeigt sich eine gewisse Kontinuität; doch handelt es sich eher um eine Neuauflage einer alten Geschichte; oder um die Übertragung alter Melodien in ein neues Register.

4 John Keegan, *A History of Warfare*, London 1993. [Dt.: *Die Kultur des Krieges*, Berlin 1995.]

2. Die metaphysischen Bedeutungen von Gewalt

Wie soll man die höhere Bedeutung, wie soll man die metaphysischen Bedeutungen, von Gewalt begreifen?

Soweit wir zurückblicken können, hat Religion oft Opferhandlungen auf die eine oder andere Weise miteingeschlossen. Wir müssen etwas hergeben; womöglich um eine Gottheit zu besänftigen, sie mit Nahrung zu versorgen oder ihre Gunst zu erlangen. Doch kann diese Anforderung auch spiritualisiert oder moralisiert werden: Wir sind absolut unvollkommen, bewegen uns unterhalb all dessen, was Gott verlangt. Deshalb müssen wir das Schlechte in uns opfern; oder wir müssen etwas anderes opfern, als Sühne für das Schlechte.

Hierbei spielt der Aspekt der Unwürdigkeit eine wichtige Rolle. Doch sahen sich Menschen immer von zerstörerischen Kräften bedroht, etwa von Katastrophen wie Wirbelstürmen, Erdbeben, Hungersnöten und Überschwemmungen. Auch mit Hinblick auf die Angelegenheiten der Menschen selbst gibt es zutiefst zerstörerische Personen und Handlungen: Invasionen, Plünderungen, Eroberungen, Massaker. Oder vielleicht spüren wir die Bedrohung einer ultimativen Entropie.

Es mag sein, dass diese Aspekte eine Bedeutung dadurch gewinnen, dass wir sie als Anspruch eines unheilvollen Schicksals begreifen, das uns im Gegenzug zu dem, was wir den Göttern schulden, oder aufgrund unserer Unvollkommenheit auferlegt wurde. Diese Beschreibung passt zu Nietzsches Auffassung, dass wir dem Leid deshalb eine Bedeutung geben wollen, damit es erträglicher wird. Doch können wir es auch umgekehrt formulieren: Der Aspekt des Mangels, der Aspekt unseres Unvermögens stellt den primitiven Faktor dar, und wir müssen ihm Gestalt verleihen. Also nicht: Erst das Leid, und dann halten wir Ausschau nach Bedeutung; und so wird Leid zur Strafe; sondern: Zuerst verdienen wir Strafe (oder der Aspekt des eigenen Unvermögens), und aus diesem Grunde halten wir Ausschau nach bestimmten Arten des Leidens, um all diesem Gestalt zu geben oder ein Gefühl dafür zu entwickeln, wie wir das bewerkstelligen können. Demzufolge wird unsere Bestrafung mit diesem Leid identifiziert. Auf diese Weise kann man selbst natürliche zerstörerische Kräfte als ungezügelte Kräfte und als durchdrungen von einem Geist der Zerstörung verstehen.

Religion kann also bedeuten, dass wir uns mit diesen Anforderungen/Schicksalen identifizieren. Daher verstehen wir Zerstörung auch als göttlich, wie im Fall von Kali-Shiva. Und ist man erst einmal bereit, sich mit so etwas zu identifizieren, dann schwört man all den Dingen ab, die zerstört werden, und unterzieht sich einer Reinigung. Ungehemmte Zerstörung erhält auf solche Weise eine Bedeutung und einen Zweck. Auf eine gewisse Weise wird sie selbst dann domestiziert und weniger furchterregend, wenn sie teilhat am Schrecken des Numinosen.

Das schließt natürlich ein, dass man sich einem externen, höheren Willen unterwirft, einem Zweck oder einer Forderung; es erfordert Dezentrierung. Doch besteht noch eine weitere Möglichkeit, mit Gewalt und Zerstörung und mit den schrecklichen Ängsten umzugehen, die beides in uns hervorruft, eine Möglichkeit, die uns ein Machtgefühl und das Gefühl verleiht, alles unter Kontrolle zu haben. Solches ist zentraler Bestandteil des Kriegerethos. Wir bringen die Angst vor Zerstörung zum Schweigen; wir akzeptieren die Möglichkeit eines gewaltsamen Todes. Wir verstehen uns selbst so, als würden wir im Voraus vom Tod vereinnahmt sein: Wir sind wie »Tote auf Urlaub«. Man bedenke, was es mit der Symbolkraft auf sich hat, eine militärische Einheit nach einem Schädel zu bezeichnen wie die »Totenkopf«-Regimenter der preußischen Armee, die sogenannten »Totenkopfhusaren«.

Dann leben wir gleichsam in dem Element der Gewalt, doch tun wir dies wie Könige, ohne Angst, wie Akteure reinen Handelns, die sich mit dem Tod beschäftigen; wir beherrschen den Tod. Das, was bislang erschreckend war, ist nun aufregend, berauschend; wir genießen ein Hochgefühl. Das gibt unserem Leben Sinn. Und genau das bedeutet transzendieren. Mit den Worten von Sudhir Kakar , der seine Interviews kommentierte, die er mit den Anführern der städtischen Unruhen in Hyderabad führte: »Die Erregtheit, die mit Gewalt einhergeht, wird zur größten Bestätigung, dass man noch am Leben ist, es ist eine Bestätigung der eigenen Existenz.«[5] Damit wären wir wieder bei der »gottgleichen Machtausübung«, von dem Hedges in dem zuvor angeführten Zitat spricht.

In allen Krieger-Kulturen zeigt sich uns, wie diese Bereitwilligkeit, das eigene Leben zu riskieren, eine Quelle der Würde ist; sie bildet die entscheidende Basis der Ehre. Diejenigen, die kneifen, werden entehrt (die Grundlage des Duell-Kodex). Wir stellen fest, dass sich das in Hegels Dialektik von Herr und Knecht widerspiegelt: Bei einem

5 Sudhir Kakar, *The Colors of Violence: Cultural Identities, Religion and Conflict*, Chicago 1996, S. 81.

Duell bis zum Tod möchte jede der beiden Seiten beweisen, dass sie über dem bloßen Leben steht.[6]

Das Ehrverständnis wiederum verstärkt den Wunsch nach Vendetta. Wir verlieren das Gesicht, es sei denn, wir zahlen mit gleicher Münze das heim, was uns widerfahren ist.[7]

Daher stehen zwei Möglichkeiten offen, mit dem Schrecken umzugehen: Die eine besänftigt die Turbulenzen der Gewalt, indem sie ihr die numinose Macht entzieht, oder man versteht sie als eine höhere Macht, die letzten Endes gütig ist. Die andere Möglichkeit hält die numinose Macht der Gewalt aus, polt die Angst aber um: Das, was uns zuvor eingeschüchtert hat, berauscht uns nun; von da an leben wir davon, transzendieren auf diese Weise normale Grenzen. Genau das ist es, was den Zorn im Kampf belebt, das

6 Vgl. die Bedeutung des »Daransetzens« bei Hegel: »Und es ist allein das Daransetzen des Lebens, wodurch die Freiheit, wodurch es bewährt wird, dass dem Selbstbewusstsein nicht das *Sein*, nicht die *unmittelbare* Weise, wie es auftritt, nicht sein Versenktsein in die Ausbreitung des Lebens, – das Wesen, sondern dass an ihm nichts vorhanden, was für es nicht verschwindendes Moment wäre, dass es nur reines Für-sich-sein ist«, in: *Die Phänomenologie des Geistes*, Hamburg 1952, S. 144.

7 Diese Verwobenheit des Ehrenkodex des Kriegers mit Vergeltung und der heiligen Gewalt zeigt sich im palästinensisch-israelischen Konflikt. Sie tritt auch in diesem vielsagenden Zitat eines Anführers während der kommunalen Aufstände in Hyderabad [von 1990] zutage: »Aufstände sind wie eintägige Cricket-Spiele, wobei das Töten die Runs sind. Du musst mindestens einen Punkt mehr machen als das gegnerische Team. Die Ehre deiner Nation (arabisch: *Qaum*) hängt davon ab, dass du nicht weniger Punkte machst als der Gegner«, in: Kakar, *Colors of Violence*, S. 57.

Wüten des Berserkers, das Waffentaten ermöglicht, die in unserem Alltag undenkbar sind.

Es gibt darüber hinaus Wege, diese beiden Reaktionen miteinander zu verbinden, wie man es in manchen Kulturkreisen mit Blick auf Menschenopfer erlebt. Einerseits unterwerfen wir uns der Gottheit, der wir unser Blut darbringen, doch werden die Opfernden ebenfalls zu Akteuren der Gewalt; sie wenden sie an, anstatt sich ihr einfach zu unterwerfen; sie waten in Blut und Eingeweiden, allerdings mit heiliger Absicht. Da dies die beiden Strategien im Umgang mit diesem Schrecken miteinander verbindet, gibt es nichts Befriedigenderes als ein heiliges Massaker. In einer Reihe bahnbrechender Arbeiten hat René Girard auf diesem Gebiet, in dem sich Religion und Gewalt begegnen, geforscht.[8]

Girard erkennt heilige Gewalt als solche, wann immer ein Volk zu alter Einigkeit zurückfindet und gemeinsam über ein Opfer herfällt. Dieser Akt überwindet die Kluft der nachahmenden Rivalität, die sonst das Volk auseinanderzureißen drohte. Das gehört zu dem Mechanismus der heiligen Gewalt. Anscheinend gibt es jedoch noch andere Dimensionen: Dies sind

a. die Darbringung eines Teils unseres Besitzes der Gottheit, um den Rest zu bewahren; wie etwa bei den Opferhandlungen der Azteken vor der Gottheit des Mais. Die numinose Dimension tritt hier offen zutage, und zwar in dem Sinne, dass man von der Gottheit, dem Geistwesen

8 Vgl. u. a. *Le Bouc émissaire*, Paris 1982, und den jüngeren Titel *Je vois Satan tomber comme l'éclair*, Paris 1999.

oder Toten oder was auch immer ernährt wird; weiterhin begegnet der Aspekt, dass wir uns der Handlung würdig erweisen müssen oder durch sie Gunst erlangen wollen. Wir müssen etwas geben, und das kostet uns etwas. Also opfern wir.

b. Erhöhung der Gewalt auf die Ebene des Heiligen; wenn wir es so aussehen lassen, als hätten wir Anteil an der Macht der Gottheit; als könnten wir teilhaben an der göttlichen Zerstörung. Deshalb reinigen wir uns rituell von allem, was uns als böse oder in unserer Aggression bloß als egozentrisch erscheint. Das könnte eine Rolle bei rituellen Opferhandlungen spielen; aber auch bei dem Girard'schen Mechanismus, den Sündenbock auszustoßen.

c. Doch reinigt diese zuletzt genannte Gewalt des Austreibens, denn sie stellt eine Möglichkeit dar, die Annahmen zu bestätigen, nämlich dergestalt, dass das, was ausgetrieben wird, oder aber der Feind, all das Böse in sich selbst bündelt. Dann ist es nicht mehr länger in uns, sondern außerhalb von uns.

3. Reinheit und Kontrast

Doch wie lässt sich all das bündeln? Wie werden manche Menschen zu Opfern?

Wir finden eine Beschreibung dafür in dem (1) Mechanismus des Opferns, wie René Girard ihn beschrieben hat. Zunächst gibt es mimetische Rivalität, die unsere Gesellschaft aufzulösen droht; dann schmieden wir ein Bündnis mit allen, nur nicht mit dem Einen, dem Opfer; das stellt den allgemeinen Frieden wieder her, jedoch auf Kosten desjenigen, der geopfert wird. Doch das ist nicht extensional gleichbedeutend mit (2) dem Sündenbock-Mechanismus. Hier zeigt sich Katharsis, die das Böse austreibt; mit der logischen Folge, dass das, was ausgetrieben wurde, all das Böse verkörpert. Und erneut lassen wir einem heiligen Zorn freien Lauf. Aspekt (2) stärkt die Einheit ebenfalls, aber gegenüber einer anderen Gefahr, und zwar dem Empfinden, dass die Ordnung, die uns zusammenschweißt, unter Korruption, Zusammenbruch, dem Verlust von Festigkeit oder dem Verlust einer wirklich festgefügten Loyalität leidet.

(3) Diese Vorstellung von Zusammenhalt kann auch erlangt werden, indem man sich auf den externen Feind konzentriert. Die Gegnerschaft kommt im Krieg zum Ausdruck. Doch es kann auch zwischen verschiedenen Gesellschaften mimetische Rivalität geben, mit der Folge, dass man immer kurz vor einem Krieg steht, wie es im Imperialismus des 19. Jahrhunderts der Fall war.

Wie haben wir (2) oben zu verstehen? Warum wollen wir das Böse austreiben oder uns einer Reinigung unterziehen? Und wie werden manche Leute zu Kandidaten für die Rolle des Sündenbocks? Wer wird zum Außenseiter?

Wir definieren uns durch unsere Überzeugungen, unsere ethische, ideelle Ordnung oder durch eine bestimmte Lebensweise. Wir brauchen etwas von dieser Art, weil wir nicht einfach im Chaos leben können, mit dem Bösen, mit Gewalt, Widrigkeiten, Zerstörung, Wildnis, Bedeutungslosigkeit. Wir haben dies weiter oben schon angeführt, nämlich im Zusammenhang mit der Art und Weise, wie wir mit zerstörerischen Kräften umgehen.

Doch kommen wir auch zurecht, indem wir das Böse draußen halten. Es lähmt und beraubt einen seiner Kräfte, wenn man sich selbst als böse oder in moralischem Chaos verstrickt sieht. Das können wir nicht zugeben, oder wir müssten es umwerten und etwas behaupten wie »Böses, sei du mein Gutes« oder »jenseits von Gut und Böse« geraten wie Nietzsche.

Wenn wir das Böse oder Unordnung außerhalb von uns sehen, dann brauchen wir einen Gegenpart. Diese Rolle wurde seither von ›Barbaren‹ und ›Wilden‹ übernommen. Natürlich kann der Gegenpart sich weit entfernt befinden, es kann sich also um Leute handeln, mit denen man keinen wirklichen Kontakt hat. Die anderen, die uns als Kontrast dienen, helfen uns, uns selbst zu definieren; sie definieren aber auch das Böse, Versagen, Irrtümer als außen liegend; wir sind schließlich keine Wilden, Barbaren, Nazis, Stalinisten, Räuber, Mörder, Kinderschänder usw.

Wo kein Kontakt besteht, kann das Ganze relativ harmlos verlaufen; obwohl dies furchtbaren Grausamkeiten Vorschub leisten kann, sobald es dann doch zum Kontakt kommt. Denken wir nur an die Conquista, den Sklavenhandel und an die Art und Weise, wie die daran Beteiligten der Freude an der Aggression freien Lauf ließen.

Doch gibt es wiederum Fälle, in denen der Außenseiter, der Gegenpart, als entscheidende Bedrohung verstanden werden kann. Dazu kann es etwa dann kommen, wenn der Feind sich im Innern befindet.

a. Etwa dann, wenn wir versucht werden von Homophobie oder von den Mythen, die sich um die sexuelle Kraft der Außenseiter ranken.

b. Oder wenn die Ordnung droht, in sich zusammenzubrechen. Dann definiert der Girard'sche Sündenbock-Mechanismus die Außenseiter so, als würden sie im Innern aktiv sein; dann sind sie Nestbeschmutzer. Das ist typisch beispielsweise etwa für den Antisemitismus im mittelalterlichen Europa. So etwas ereignete sich häufig in der verzauberten Welt. Der Hexenwahn bzw. die Hexenverfolgungen sind ein typisches Beispiel; sie erreichten ihren Höhepunkt an der Grenze zwischen ausgehendem Mittelalter und früher Neuzeit, als die allgemeine Entzauberung der Welt längst stattfand.

Natürlich können (a) und (b) in Kombination vorkommen.

c. Doch kann auch die Abgrenzung sich allmählich auflösen. Die Emanzipation und das Ende des verzauberten Zeitalters untergruben die alte Vorstellung von einer Abschottung der Christenheit.

All diese Faktoren kamen im späten 19. und frühen 20. Jahrhundert zusammen und gipfelten in einem furchtbaren, neuartigen Antisemitismus. Beweggründe dafür waren Neid und das Gefühl, dass die Ordnung bedroht war, und aus diesem Grund brauchte man einen Sündenbock. Gleichzeitig kam es aber auch zu einer Auflösung der Abgrenzung. Aufgrund der Emanzipation waren die Juden nicht mehr länger Außenseiter im herkömmlichen Sinne, und daher befand sich der ›Feind‹ im Innern. Das gipfelte im Nationalsozialismus, der ein erneuertes Kriegerethos wiederbelebte und Angst und Tabu umpolte und schließlich einen Angriff auf den Sündenbock in Gang setzte – abgerundet mit dem Mythos, das Böse auszutreiben: Heiliger Zorn, heiliges Massaker.

4. Heiliges Töten

Wir können den Sündenbock-Mechanismus möglicherweise als einen Konvergenzpunkt zweier Strukturen begreifen, nämlich erstens von der Reaktion, dass wir uns selbst vergewissern, dass wir gut sind und die Ordnung wahren, indem wir einen Gegenpart bestimmen, von dem wir uns abgrenzen. Wir ziehen eine Linie zwischen uns. Das ließe sich ausdrücken anhand von Reinheit/Verunreinigung, also als Gegensatz der Selbstbestätigung. Das zweite Moment besteht in Stärke und spiritueller Kraft, die immer dann auftritt, wenn wir uns mit der numinosen Gewalt identifizieren, mit der Gewalt der Götter – und zwar identifizieren wir uns mit dieser auf aktive Weise, in Form von heiligen Massakern. Wir können diesen selbstbestätigenden Kontrast auch ohne heiliges Massaker herstellen: Ein Beispiel dafür ist das indische Kastensystem. Doch erweist sich immer dann, wenn beides zusammenkommt, das Resultat als besonders verheerend.

Dieses heilige Töten, das von dem Kontrast gut/böse befeuert wird, zeigt sich in zwei größeren Ausprägungen, wenn man denn dieses ziemlich vereinfachte Raster auf eine Unmenge von komplexen Phänomenen anwenden kann. Immer dann liegt ein Sündenbock-Mechanismus als solcher vor, wenn wir uns gegen einen Außenseiter (den Gegenpart) wenden, ihn töten oder vertreiben, der sich im Innern befindet und der die Abgrenzung hat aufweichen lassen. Dann gibt es den Kreuzzug, indem wir in den Krieg ziehen, und der Gegenpart sich außerhalb befindet. Ein Kreuzzug bringt zusätzlich zur Verschmelzung von numinoser Gewalt und Reinheit eine weitere machtvolle Synthese hervor: Er verbindet die Stellung des Kriegers als Herr über den Tod mit der höheren Sache der numinosen Gewalt. Also wird zum einen die gesamte potentiell zentrifugale Gewalt in eine höhere Einheit überführt, und sie gibt dem Krieger Selbstbestätigung, größere Bedeutung und Zweckgerichtetheit. Die Kreuzzüge sind ein Musterbeispiel, eine ›Lösung‹ für den schwelenden Konflikt zwischen dem christlichen Glauben und der Lebensweise der aristokratischen Krieger, also der Herrschenden innerhalb der mittelalterlichen Gesellschaftsstruktur; und eine Lösung für den immerwährenden Kampf der Kirche, um einer unruhigen und kriegerischen Nobilität einen ›Gottesfrieden‹ aufzuzwingen.

Was hat es damit auf sich, wenn man davon spricht, man identifiziere sich mit numinoser Gewalt? Es bedeutet nicht notwendigerweise, dass man sich mit dem Guten identifiziert. In der Vorachsenzeit waren die Götter beides, sowohl gütig als auch böswillig – einige waren vorwiegend gut, andere überwiegend böse, die meisten vereinten beide Eigenschaften auf sich. ›Gütig‹ wird hier bemessen in Relation zum üblichen Wohlergehen des Menschen, also mit Hinblick auf Leben, Gesundheit, Wohlstand und die Erzeugung vieler Nachkommen. Oftmals müssen wir diese höheren Wesen austricksen oder günstig stimmen (deshalb ist auch die Figur des »Tricksters« so wichtig). Doch neigten die Umwälzungen der Achsenzeit dazu, das Göttliche auf der Seite des ultimativ Guten zu verorten: Gleichzeitig wurde dieses als etwas umgedeutet, das über das hinausgeht, was man unter dem gewöhnlichen Wohlergehen des Menschen versteht: Nirwana, ewiges Leben.

Einige Formen der Achsen-Transformation rücken Gott näher an eine bestimmte Vorstellungsweise davon, was Moral ist; an eine Regelsammlung bzw. einen Kodex, der gerechtfertigt ist und der in Hinblick auf dieses höhere Gute Sinn ergibt, wie etwa bei Platon. Das ist auch der Fall mit dem Gott, den die Propheten anrufen und der uns ermahnt, die Opferhandlungen zu unterlassen und die Witwen und Waisen zu unterstützen.

In entscheidender Weise geht die moderne, freie rationale und säkularisierte Welt hier noch einen Schritt weiter.

Moral hat rationalisierende Wirkung: Ihr Kodex fußt auf einer bestimmten Auffassung von dem, was gut oder richtig ist, in Bezug auf das menschliche Wohlergehen. Das bringt eine Vorstellung von Verantwortlichkeit mit ins Spiel. Wir bestrafen diejenigen, die falsch handeln. Auf diese Weise entfernen wir uns von den Ambivalenzen der frühen Religion, als das Heilige sowohl Segen als auch Schrecken mit sich brachte, als wir das Opfer einer Opferhandlung im Nachhinein verehren können.

In einem christlichen Kontext kam die Identifikation mit göttlicher Gewalt einer Identifikation mit dem (natürlich rechtschaffenen) Zorn Gottes gleich. Und deshalb verfolgen wir Ketzer. Die Hexenprozesse folgen auch dieser Logik, wie auch immer sie auf mörderischen Fantasien aufbauen.

Die moderne moralische Ordnung und die entzauberte, rationalisierte Welt müssten all dem ein Ende setzen. Es ist kein Platz für den Zorn Gottes; und selbst unter Gläubigen gab es einen ›Niedergang der Hölle‹.

Doch wie wir beim Antisemitismus sehen, kann die moderne Ordnung der Moral das Böse auch verstärken. Natürlich könnten wir jetzt einwenden, dass dies nur eine Übergangsphase ist: Man betrachte die gegenwärtige Situation der Juden in den USA und in vielen Teilen der westlichen Welt.

Doch macht das Moralisieren die Dinge womöglich noch schlimmer, und so stellt sich die Frage, ob wir in der aufgeklärten, entzauberten Welt nicht neue mörderische Fantasien ersinnen. Wie ›überholt‹ ist diese Gewalt bzw. genauer gesagt der ›Exzess‹?

Bedenken wir, wie in der modernen Welt die ursprüngliche Weihehandlung mit Opfern, die sowohl heilig als auch gefährlich – die also sowohl Quellen von Ärger als auch Heilung – sind, aufgespalten wird. Das führt (a) zum Sündenbock, der gänzlich irregeleitet und böse ist, wie im Fall von Hexerei und Antisemitismus, und (b) dem vollkommen rechtschaffenen Opfer: die tapferen jungen Männer, die im Kampf fallen; eine Vorstellung, die sich letzten Endes aus dem Christentum ableitet.[9]

Betrachten wir nun einige Spielarten dieses Übergangs zu neuen Formen von Gewalt gegen Gruppen.

9 In diesen Kontext gehört meiner Auffassung nach auch die These über Monotheismus und zur Gewalt in Regina Schwartz' interessanter und anregender Studie *The Curse of Cain*, Chicago 1997. Ich möchte an dieser Stelle darauf hinweisen, dass das Phänomen vermutlich weiter verbreitet und allgemeingültiger ist, als Schwartz es vorschlägt.

Zunächst zur demokratischen Republik. Wir alle zusammen sind die Bürger, herrschen als Volk. Mit diesem Selbstverständnis ist untrennbar ein bestimmtes Narrativ verbunden. Wir können sehen, wie oft dieses Narrativ in Gewalt umschlägt. Es berichtet von der Gewalt, die uns zugefügt wird, und von unserer berechtigten Gegenwehr. Letzteres wird oft als Revolution bezeichnet. Nun könnte man sagen, es liege hier gar kein Mythos vor; das ist nun einmal Geschichte, wir mussten ja kämpfen. Uns wurde Gewalt angetan. Richtig. Doch lässt sich damit alles erklären?

Schauen wir uns die Französische Revolution an und ihre ultimative Nachkommenschaft mit dem Slogan »Patria o muerte« des Castrismus. An dieser Stelle zeigt sich eine Tradition, die die Jakobiner, dann die Bolschewiken umfasst.

Doch zunächst sollten wir die Verbindung zwischen Demokratie und Gewalt untersuchen, den Terror.

Was ist Terror? Nicht nur Gewalt gegen Feinde. Es gab wahre Feinde, innere wie äußere. Doch jenseits dieser Erklärungsmuster begegnet uns (i) die Konstruktion eines Feindes, der nicht zwangsläufig als solcher betrachtet werden müsste. All diejenigen, die anderer Meinung sind, waren Verräter, unversöhnliche Feinde, die ausgelöscht werden müssen. Dazu gehörten Menschen aller Gesellschaftsschichten, ungeachtet ihrer tatsächlichen Stellung. Und so eskaliert die Gewalt. Eine ähnlich ausufernde Gewalt gegen ganze Gruppen erklärt den Völkermord in der Vendée. Des Weiteren sehen wir (ii) den dazugehörigen Diskurs, und zwar den Diskurs der Säuberung: Man will sich der Unreinheit und des Giftes entledigen. Das geht einher mit einer Sprache des Tugendhaften, der Reinheit der Republik. Drittens gehört zum Terror (iii) ein quasi rituelles Element: öffentliche Hinrichtungen.

Terror kann auf zwei Arten verstanden werden. Erstens ist er ein Überbleibsel, eine Kontinuität. Ursprünglich stammt er aus der Kultur der Volksaufstände im Ancien Régime. Die Menschen in den Städten begehrten gegen Missstände auf, etwa gegen Wucher und Preistreiberei (*accaparer*), wenn plötzlich der Getreidepreis in die Höhe schoss. Dieses Aufbegehren spiegelt einen stark ausgeprägten gemeinschaftlichen Kodex wider, den Edward Thompson als »moralische Ökonomie« bezeichnet hat.[10] Das bedeutete, dass immer dann, wenn etwas schieflief, man jemandem die Schuld geben konnte. Die Menschen wollten nicht hinnehmen, dass das eigentliche Problem in den abstrakten Mechanismen der neuen politischen Ökonomie lag. Sie mussten einen Bösewicht ausmachen, entweder den *accapareur* (Preistreiber) oder aber einen korrupten königlichen Beamten. Und war der Übeltäter erst einmal gefunden, ging man mit Gewalt gegen ihn vor, angefangen bei symbolischen Akten wie der Verbrennung *in effigie* über die Zerstörung seines Eigentums bis hin zu schrecklichen Hinrichtungsarten. Diese Bestrafung verstand man, wie auch

10 E. P. Thompson, »The Moral Economy of the English Crowd in the Eighteenth Century«, in: *Past and Present* 50 (1971), S. 76–136. [Dt.: »Die moralische Ökonomie der englischen Unterschichten im 18. Jahrhundert«, in: E. P. T., *Plebeische Kultur und moralische Ökonomie*, Berlin 1980.]

immer sie aussehen mochte, als einen Akt der Vergeltung bzw. Reinigung.[11]

Zweifellos trieb diese Volkskultur in den frühen Jahren der Revolution die Nationalversammlung und den Konvent vor sich her. Besonders traumatisch für die politische Elite der verfassungsgebenden Versammlung und des Konvents erwiesen sich die schrecklichen Massaker im September 1792. Offenbar gab es keine andere Möglichkeit als den Versuch zu unternehmen, diese Gewalt zu kanalisieren; sie einfach zu unterdrücken, schien indiskutabel zu sein. Wie Danton es ein Jahr später im Herbst 1793 formulierte: »Soyons terribles pour dispenser le peuple de l'être« (»Lasst uns Terror praktizieren, damit es das Volk nicht zu tun braucht«). Das schuf als Reaktion darauf ein Klima, in dem unweigerlich die Versuchung entstand, jeden Parteienzwist dadurch zu entscheiden, dass man den Unmut der Massen gegen die eigenen Feinde richtete. Doch das bedeutete, dass der Parteienkampf zu einem Kampf auf Leben und Tod wurde. Es war wie in einer Hobbes'schen Welt, in der Angriff bisweilen die einzige Möglichkeit der Verteidigung war. Der Versuch, der Spirale des Tötens Einhalt zu gebieten, konnte dabei tödlich enden, wie Danton zu seinem eigenen Leidwesen erfahren musste.

11 Vgl. Albert Soboul, »Violences collective et rapports sociaux: Les foules révolutionnaires«, in: *La Révolution française*, Paris 1981, S. 577 f.; vgl. auch François Furet / Denis Richet, *La Révolution française*, Paris 1999, S. 206 f. Die Vorstellung, dass an katastrophalen Ereignissen immer jemand schuld sein muss, ist natürlich in vielen ›primitiven‹ Kulturkreisen verbreitet; vgl. z. B. E. Evans-Pritchard, *Witchcraft, Oracles and Magic among the Azende*, Oxford 1937.

Die zweite Sichtweise auf den Terror unterstreicht die Ideologie von Tugend und Reinheit. Dies zeigt sich am deutlichsten am Beispiel Robespierres. Für ihn bildete Tugend die Schlüsselfunktion für eine republikanische Regierungsform, die er auf eine irgendwie traditionelle Weise als »l'amour exclusif des lois de la patrie« (»die außergewöhnliche Liebe zu den Gesetzen des Vaterlandes«) definierte. Doch dieser Aussage verlieh er wiederum einen Rousseau'schen Anstrich: Tugend existiert dann, wenn Eigenliebe und Liebe zum Vaterland miteinander verschmolzen werden. »L'âme de la République, c'est la vertue, c'est l'amour de la patrie, le dévouement magnanime qui confond tous les intérêts dans l'intérêt général« (»Die Seele der Republik, das ist die Tugend, das ist die Liebe zum Vaterland, die edle Ergebenheit, die alle Interessen übersteigt im Interesse des Ganzen«), wie er es in einer Rede aus dem Jahr 1792 formulierte.[12] Angesichts dieses Ideals sind all diejenigen, denen es nicht gelingt, jene Höhen zu erklimmen, also die »lâches égoïste« (»die feigen Egoisten«), Feinde der Republik. Ausgehend davon ist es nur noch ein Schritt zu der Schlussfolgerung, dass die neue Regierungsform nur dann tatsächlich Wirklichkeit werden kann, wenn die Feinde von der Bildfläche verschwunden sind. Denn »l'esclave de l'avarice ou de l'ambition pourrait-il immoler son idole à la partrie?« (»Der Sklave der Habgier oder des Ehrgeizes, kann er sein Idol für das Vaterland opfern?«) Das Verschwinden-Machen der Feinde würde eine Säuberung verlangen. Dieses hochgesteckte Ziel würde jedes Mittel rechtfertigen,

12 Zit. nach Georges Lefebvre, *Quatre-Vingt-neuf*, Paris 1970, S. 245 f.

denn es würde letzten Endes »remplir les vœux de la nature, accomplir les destinées de l'humanité, tenir les promesses de la philosophie, absoudre la Providence du long règne du crime de la tyrannie« (»die Ziele der Natur erfüllen, das Schicksal der Menschheit vervollständigen, die Versprechen der Philosophie erfüllen und die Vorsehung von der langen, von Verbrechen erfüllten Herrschaft der Tyrannei entbinden«, so eine Rede vom 5. Februar 1794).[13] Und tatsächlich stützte sich die Terrorwelle vom Juni/Juli 1794 auf diese Vorstellung, zu töten, um zu säubern, um eine Herrschaft der Tugend einzuleiten.

Diese Philosophie wies einige beunruhigende Parallelen zu der Ansicht auf, die Volksaufständen zugrunde liegt. Erstens wurde alles Übel einem Übeltäter zugeschrieben. Man kam gar nicht erst auf die Idee, bestimmte Probleme der neuen Gesellschaftsform mit strukturellen Faktoren, tiefliegenden Interessensunterschieden oder Skaleneffekten zu erklären. Wenn die Dinge falschliefen, dann musste dahinter eine ›Verschwörung‹ stecken. Die ständige Bezugnahme auf eine »complot aristocratique« (»aristokratische Verschwörung«) verband diese Volkskultur mit dem Diskurs der Jakobiner. Und das verbindende Element zwischen beidem wurde von Agitatoren wie Marat ersonnen, der die Öffentlichkeit in einem Zustand fiebriger Wachsamkeit gegenüber verborgenen Feinden hielt. Daraus ergab sich zweitens, dass diejenigen, die verantwortlich für unser Unglück sind, von Böswilligkeit getrieben werden; sie wa-

13 Zit. nach Patric Gueniffey, *La Politique de la Terreur*, Paris 2000, S. 311–313. Ich habe viele Anregungen aus der interessanten Erörterung in diesem Buch gewonnen.

ren böse und unverbesserlich. Die Republik der Tugend konnte nur durch die Säuberung der böswilligen Elemente entstehen. Deren Auslöschung war eine Säuberung der Gesellschaft.

Ich möchte nun in der Tat behaupten, dass beide Sichtweisen richtig sind. Die Parteien der revolutionären Elite wurden von dem öffentlichen Druck, jedoch auch von der unwiderstehlichen Versuchung in eine Politik des Terrors gedrängt, die sich aus diesem Druck ergab, um die jeweiligen Gegner durch eine Allianz mit den mobilisierten Abteilungen zu gewinnen. Das wiederum verlieh dem Jakobinischen Diskurs einen Stellenwert, den er als solcher allein in einem Kampf mit anderen ideologischen Tendenzen nie hätte erlangen können, die unberührt blieben von dem Druck der Straße. Doch bestand das Resultat all dessen in der Neuauflage neuer Formen der Gewalt durch Säuberungen, und dies im Herzen der ›rationalen‹ Moderne. Die Jakobiner versuchten, den Aufruhr der Straße zu kanalisieren, doch waren sie ebensodarum bemüht, ihn zu rationalisieren und zu läutern. Aufruhr und Gewalt wären also nicht allein gerechtfertigt durch eine traditionelle Moral, sondern auch durch eine rationale Auffassung von Tugend, eine Tugend, die darüber hinaus versprach, die conditio humana auf eine höhere Ebene zu heben. In genau diesem Sinne mussten die Opfer nach rationalen Kriterien ausfindig gemacht werden, nicht nur durch den Instinkt des rasenden Mobs. Demzufolge war die neue Liturgie der Säuberung ›rein‹ und wissenschaftlich, nämlich in Gestalt eines schnellen und gleichsam chirurgischen Todes durch die Guillotine; auf diese Weise setzte man sich ab von dem grausamen Spiel mit den Symbolen der rachedurstigen

Massen, das Elemente der karnevalesken Ausgelassenheit mit grausamen Spektakeln vermischte. Die althergebrachte Melodie vom Sündenbock-Stigma und der Säuberung wurde jetzt in einem neuen Register rationaler Moral vorgetragen. Man kann mit einigem Recht behaupten, dass die Bolschewiken einen ähnlichen Weg einschlagen sollten.

Uns scheint es so, als hätten wir es an dieser Stelle mit einem Paradoxon zu tun: Das Idealbild verkörpert eine Republik, in der vollkommene Gleichheit, Gerechtigkeit und Frieden herrschen, in der am besten geordneten und friedfertigsten Regierungsform der Geschichte. Doch wie kann sie die Menschheit als etwas Unreines behandeln, das einer Säuberung unterzogen werden muss? Robespierre verkörpert dieses Paradoxon. Während der Debatten der Verfassungsgebenden Versammlung, die die zukünftige Verfassung beschloss, stimmte er gegen die Todesstrafe. Diese beiden Facetten der Revolution müssen miteinander in Einklang gebracht werden. Die Vorstellung von einer hohen moralischen Vollkommenheit, die in einer wahren Republik zutage tritt, bedeutet aber, dass diejenigen, die sie wissentlich und vorsätzlich ablehnen, wahrhaft böse sein müssen. Sie sind völlig unverständlich (wie auch das wahre Böse unbegreiflich ist); sie sind nicht wirklich menschlich, man könnte sie sogar mit Tieren vergleichen. (Letztere Auffassung wurde tatsächlich in die Konzeption der Naturrechtslehre aufgenommen, etwa bei Locke, der sagt, dass diejenigen, die gegen diese verstoßen, wie Löwen oder Tiger behandelt werden könnten.) Letzten Endes sind diejenigen, die im Weg stehen, Feinde – unwiderrufliche Feinde, die schlicht und einfach ausgelöscht werden müssen.

Also sind Royalisten und Fremde Feinde. Und die Feinde der Republik sind »immondices« (»Unrat«) und »rebuts de l'humanité« (»Abschaum der Menschheit«).[14]

Daher wurde Einheit durch die Säuberung von inneren Feinden erlangt (wobei man sich des Sündenbock-Mechanismus bediente). Doch können wir diese Einheit und Reinheit auch durch die Niederwerfung äußerer Feinde erlangen (mittels eines Kreuzzugs). Beide Vorgehensweisen lassen sich miteinander verknüpfen. Tatsächlich wurde es möglich, die Mechanismen der inneren Säuberung durch die gemeinsame Sache eines Kampfes gegen die Koalition zu beschwichtigen. Genau das versuchte das Direktorium. Napoleon erkannte dies in vollem Umfang. Der Heilige Krieg, der Kreuzzug, stellte die Verbreitung der Revolution innerhalb Europas dar. Das schließt jedoch auch die Kriegerkultur des Ancien Régime mit ein: Der Wert des Ruhmes auf dem Schlachtfeld wurde demokratisiert mit der Aussicht auf Karriere, die allen Talentierten offenstand.

Im Amerikanischen Bürgerkrieg stoßen wir auf vergleichbare Ansätze. Aus Sicht der Abolitionisten musste man sich vom Übel der Sklaverei befreien. Der Bürgerkrieg gestattete es ihnen, aus der inneren Säuberung eine äußere Säuberung zu machen. Doch sehen wir auch, dass in Lin-

14 Vgl. auch hier Gueniffey, S. 310. Er zeigt auf, dass im Fall der Massentötungen in der Vendée dieselbe Dämonisierung der Opposition betrieben wurde. Die Menschen dort wurden als Horde von Tieren beschrieben, sie wurden entmenschlicht, und das ebnete den Weg für die Massaker. Hier findet sich eine Kontinuität bei der vorrevolutionären Sprache der Eliten und der Art und Weise, wie sie die Bevölkerung beschreiben. (Ebd. S. 255–261.)

colns zweiter Antrittsrede die Idee einer Buße für Sünden geltend gemacht wird.

Die Revolution überwand ihre innere Zerrissenheit, indem die Verlockungen der inneren Säuberungen mit der Glorifizierung eines nach außen getragenen Krieges bzw. Kreuzzugs geläutert wurden. Deshalb nimmt der Opferkult für die edlen Toten für die neue republikanische Identität einen so großen Stellenwert ein. Wir sehen eine parallele Läuterung in der republikanischen Geschichtsschreibung. Damit soll der Versuch unternommen werden, Robespierre aufgrund von »Umständen« weitestgehend von Schuld freizusprechen. Diese Umstände bestehen in den kriegerischen Auseinandersetzungen mit den Feinden: mit der Koalition und La Vendée; dabei wird stillschweigend das übergangen, was am Terror tatsächlich beunruhigend ist: nämlich unsere drei Bestandteile Exzess, Säuberung und Ritual.

Ein Teil des Vermächtnisses dieser Revolution für die moderne Demokratie besteht darin, dass das, was beim Patriotismus als zentraler Gedanke vorherrscht, dem Patriotismus eine höhere Dimension verleiht und uns mit etwas Großem, Edlem und Unzerstörbarem verbindet, die Erinnerung wachhält an ein im (heiligen) Krieg geeintes Volk. Mit den Toten können wir nicht brechen; wir müssen ihnen, die ihr Leben für uns geopfert haben, die Treue halten. Also wieder ›Opfer‹, wieder ›Gräber‹ und das ›Heilige‹. Wir sind den Toten verpflichtet. (Benedict Anderson hat über solches sehr aufschlussreich geschrieben.) Dieser Prozess der Demokratisierung des Kults der gefallenen Kriegshelden tritt symbolisch in Gestalt der Gräber des Unbekannten Soldaten in Erscheinung.

All das mag zum Teil erklären, wie leicht das moderne, rationale und ›zivilisierte‹ Europa in das Grauen des Ersten Weltkriegs taumeln konnte und damit eine fundamentale Destabilisierung der westlichen Zivilisation auslöste.

Dies scheint eine Verbindung zum demokratischen Staat einzugehen. Doch verwandelt es sich auch in Nationalismus.

6. Nation und Säuberung

Die Republik setzt einen neuen Akteur voraus: das Volk oder die Nation. Die Nation kann als eine vorab existierende kulturelle bzw. linguistische Größe aufgefasst werden. Sie unterscheidet sich von anderen Nationen, doch ist dieser Unterschied anders gelagert als das, was wir zuvor unter religiösen Gemeinschaften oder Zivilisationen verstanden. Diese Vorstellung, eine bestimmte Nation unter gleichen zu sein, überdauert die Metastasen des Faschismus, minus die Anerkennung von Gleichheit. Doch lautet die Idee immer noch, dass dieser Weg nur für uns bestimmt ist. Über Bord geworfen wird der Universalismus.

Die Nation gründet sich auf den ›Willen‹, wie die Republik. Doch das wiederum verweist auf ›Identität‹.

Der moderne Horizont wird durch die gegenwärtige Auffassung von ›Identität‹ bestimmt. Identitäten verstehen sich, anders als die starren Horizonte, in denen sich die Menschen vor der Moderne bewegten, (a) als eine unter vielen, sie müssen (b) definiert und genauer determiniert werden. Auf individueller Ebene gilt (b) aufgrund der Ethik der Authentizität, also aufgrund der Vorstellung, dass jeder

Mensch oder jede Gruppe auf seine bzw. ihre eigene Weise menschlich ist. Auf gesellschaftlicher Ebene gilt (b) weitestgehend aufgrund des Eindrucks, dass wir entweder (i) nie wirklich zum Zuge kamen, unsere Identität durch eine intolerante Mehrheit oder ein habgieriges Imperium unterdrückt wurde und bzw. oder wir uns (ii) im Wandel der Geschichte neu definieren müssen, damit wir unsere authentische Lebensweise weiterführen können. Wir müssen unsere Story auf eine Weise erzählen, die in die Identität von heute mündet. Daher rührt all die schlecht ›erfundene‹ Geschichte, von der Hobsbawm spricht.[15]

Identität geht Hand in Hand mit Anerkennung. Der neue Horizont muss definiert werden; und deshalb kann uns ein Mangel an Anerkennung auf entscheidender Ebene aus der Bahn werfen. Die Mächtigeren und Erfolgreicheren verfügen über eine einzigartige Macht; mit einem Blick können sie die Identitätsdefinitionen derjenigen, die weniger abgesichert sind, in Unordnung bringen, zerstören oder behindern – umso mehr, als wir oft unterschiedlicher Auffassung darüber sind, worin genau unsere Identität besteht.

Angenommen, dass eine Nation mit ihrer jeweiligen Identität eine unter anderen ist: Warum löst das das Problem? Können wir nicht alle lernen, uns gegenseitig zu tolerieren? Das könnte schwer werden, weil es in unserer Zeit immer wichtiger wird, ›unserem‹ Weg zu folgen und dazu auch in der Lage zu sein. Das ist unser Weg, menschlich zu sein in der modernen Welt. Und das kann von au-

15 Eric Hobsbawm, *Nations and Nationalism since 1780*, Cambridge 1992. [Dt. *Nationen und Nationalismus. Mythos und Realität seit 1780*. Frankfurt a. M. 1992.]

ßen destabilisiert werden, ausgelöst durch fehlende Anerkennung oder eine krasse Missdeutung.

Die Spannungen werden darüber hinaus durch Demokratie oder eine Form von Souveränität verstärkt, die auf dem Willen des Volkes gründet, das eine politische Identität verlangt. Wir müssen auf uns gestellt sein, damit wir unseren Weg ausleben können, und wir können uns nicht von anderen herausfordern lassen, die womöglich die Legitimität unserer Lebensweise infrage stellen wollen.

Diese Anspannung wird verstärkt durch unsere Bindung an ein bestimmtes Territorium, die ein wesentliches Merkmal des modernen Staates ausmacht. Unsere Identität ist mit diesem Land verbunden. Die besondere Eigenschaft der modernen Identitäten liegt darin, dass sie, obwohl sie stets das Resultat einer kreativen Neudefinition sind, jeweils an eine feste Vorgabe gebunden sind, sei es die Sprache oder die Tradition, aber auch die Erdscholle, manchmal auch die Religion als historisches Unterscheidungsmerkmal.[16]

In diesem Zusammenhang gesehen, werden andere zur Bedrohung der Identität. Das stellt eine Form von Bedrohung für die Integrität der sozialen Ordnung dar, die zuvor erörtert wurde und die immer schon zum Vorschein gekommen ist. Doch handelt es sich um eine neue Form und in einem noch nicht dagewesenen Zusammenhang. In diesem Zusammenhang geht es um Volkssouveränität, die es vermutlich unmöglich macht, mit einer Minderheit als si-

16 Andernorts habe ich beschrieben, wie Religion verschoben wird und zu einem Identitätsmarker wird. Vgl. Bd. 15 der Zeitschrift *Transit* (1996), veröffentlicht vom Institut für die Wissenschaften vom Menschen (IWM), Wien.

chere, untergeordnete Bevölkerungsgruppe zusammenzuleben, wie es z. B. bei der Dhimma unter dem Kalifat der Fall war. Minderheiten stellen eine Herausforderung für die Legitimität dar, deshalb sind sie eine Bedrohung für die Identität. Entsprechend diesem Prinzip der Volkssouveränität muss die politische Identität eines Staates letzten Endes vom Volk beschlossen werden. Doch sollten wir dieser Minderheit in unserem ›Volk‹ einen Platz zugestehen, wird sie leichthin dafür stimmen, unsere politische Identität zu ändern; schließen wir die Minderheit aus, dann enthalten wir ihr eines der anerkannten Rechte der Moderne vor, nämlich das Recht auf Bürgerschaft in einem souveränen Volk. In beiden Fällen will die Minderheit möglicherweise unser Territorium zu ihren Gunsten aufteilen. Daher müssen wir sie assimilieren, und falls sie sich als widerspenstig erweist, sind wir versucht, ethnische Säuberungen vorzunehmen. Das ist der Grund dafür, warum das 20. Jahrhundert sowohl zum Zeitalter der aufstrebenden Demokratie als auch zur Hochzeit der ethnischen Säuberungen geworden ist. Das ist kein bloßer Zufall.[17]

Wir spüren, dass hier ein ähnlich schmerzvolles Paradoxon vorliegt wie bei dem Paradoxon des Terrors. Unter der Voraussetzung, dass die umfassende Idee des modernen Nationalismus darin besteht, dass jedes Volk nur eines unter anderen ist und jedem eine Existenzberechtigung zusteht: Wie können wir dann andere wie diese ausschließen oder gar töten? Weil sie Aggressoren sind, allein deshalb, weil sie hier sind. An dieser Stelle schlägt die wohlwollende

17 Ich habe diesen Trieb nach Exklusion ausführlicher in Kap. 7 beschrieben.

Ausrichtung ins Böswillige um. Die wohlwollende Ausrichtung sieht vor, dass jedes Volk das Recht auf eine eigene Identität hat. Wenn etwas schiefläuft und dieses Konzept nicht umgesetzt werden kann, dann deshalb, weil von einigen Aggression gegen andere ausgeht; es wird also einigen etwas vorenthalten. Wir können unsere Identität nicht mehr voll auf ›unserem‹ Territorium ausleben, also werden wir von denen daran gehindert, die uns im Weg stehen. Sie sind die Aggressoren. Demzufolge sind wir die Opfer.

Das Konzept von der Gleichheit der Völker bildet die Grundlage dafür, dass man sich in der heutigen Zeit allgemein auf das Opferszenario beruft. Dies stellt ein bemerkenswertes Charakteristikum unserer Zeit dar. Wann immer meine Identität an ihrer Entfaltung gehindert wird, muss es daran liegen, dass man mir unfair mitgespielt hat – unfair angesichts der idealen Ordnung von gleichberechtigt existierenden Identitäten. Wir sind Opfer, Unterlegene.

Wir sehen, wie die moderne moralische Ordnung den Konflikt schürt, indem sie ihn moralisiert. Nehmen wir nur die schlechten alten Zeiten, als wir uns aggressiven äußeren Feinden gegenübersahen – sagen wir: auf dem Balkan, wo Christen auf Muslime stießen. Die Muslime, die Türken sind der traditionelle Feind. Darüber hinaus haben sie eine unbegreiflich abartige Religion angenommen. Aus diesem Grund ist es ›normal‹, dass sie uns angreifen und wir uns verteidigen. Es gehört zur Ordnung der Dinge, unter diesen Gegebenheiten können sie gar nicht anders, als uns anzugreifen. Nichts für ungut, in gewissem Sinne.

Doch heutzutage, im modernen Verständnis von einer universalistischen Moral, sind sie gleichberechtigte Teilhaber ein und derselben moralischen Ordnung, und sie sind es, die diese Ordnung verletzt haben, während wir unschuldig sind. Sie fallen ungefähr unter jene Kategorie, unter die man in der alten religiösen Ordnung einen Abtrünnigen aus den eigenen Reihen eingeordnet hätte. Sie haben sich selbst ausgestoßen aus dem Schutzbereich der Ordnung. Sie sind schlecht und böse. Sie müssen mit dem Schlimmsten rechnen. Und sie zu bekämpfen ermöglicht es uns, unserer eigenen Unschuld Ausdruck zu verleihen. Die moderne Moralität liefert das Qualitätssiegel für das Opferszenario.

Hier zeigt sich ein doppelter Moralismus. Erstens: Rechte werden missachtet. Zweitens: Demokratie oder Volkssouveränität selbst wird noch stärker moralisiert; dies fordert ein auf Selbstverantwortung fußendes Handeln und Pflichtbewusstsein.

Das moderne Moralisieren legt noch eins drauf; es verleiht dem Hass auf Gruppen eine Füllung mit Heiligem Zorn. Daher konnten die Kommunisten die Kulaken vernichten. Und heute verlagert sich das auf bestimmte alte, schwelende Rivalitäten zwischen verschiedenen Volksgruppen auf dem Balkan.

Also hassen wir diese Leute, weil sie Aggressoren sind. Nehmen wir die Muslime in Indien aus Sicht der Bharatiya Janata Party (BJP): Wir können ihre Moscheen deshalb niederbrennen, weil sie als Zeichen der Aggression verstanden werden. In den Reihen der weniger kultivierten Parteimitglieder wird der Diskurs sehr plump: Muslime gehören nicht hierher, schicken wir sie lieber nach Pakistan. Demzufolge kann das Konzept der Volkssouveränität und der gleichberechtigt existierenden Völker eigene Gründe für Hass und sogar das Töten liefern. Das ist unser Paradoxon.

Vergessen wir nicht, wie grundlegend auch die Nazis dieses Konzept übernahmen und die universelle Ordnung verneinten, sich aber natürlich von einer bestimmten Identität ableiteten. Von da an machten sie sich ausgiebig einen Hang zum Jammern zunutze. Deutschland fühlte sich ungerecht behandelt, da man den Deutschen die Schuld am Ersten Weltkrieg gegeben hatte, und zuvor hatte man dem Deutschen Reich nicht den Platz an der Sonne gegönnt. Hitler wetterte gegen das »Diktat« von Versailles. Er rief das Bild von der »Dolchstoßlegende« wach. Unterziehen wir die verräterischen Elemente einer Reinigung, berufen wir uns dabei auf den Heiligen Zorn.

Die Logik lautet: Wir wurden ungerecht behandelt, deshalb können wir zurückschlagen. Darauf berufen sich heutzutage die meisten terroristischen Organisationen. Das kann man in hohem Maße im heutigen Palästina beobachten, und nicht nur auf einer Seite.

Man beachte die fatale Alchemie: Wie kann aus einer Bedrohung für die Identität eine Lebensbedrohung werden? Eine Minderheit kann bereits allein durch ihre bloße Anwesenheit eine Bedrohung für die Identität darstellen. Solches wird von Anfang an in einen Akt der Aggression umgedeutet. Doch der Wunsch, uns als politische Identität auslöschen zu wollen, kommt dem Wunsch nahe, unsere komplette Existenz auszulöschen. Es bedarf lediglich einiger glaubwürdiger Berichte über Gräueltaten. Es gibt immer Männer, vor allem junge Männer, die bereit sind, aggressiv aufzutreten und, wie oben erwähnt, Gewalt anzuwenden. Auf solche Weise werden Gräueltaten verübt. Eine Gruppe säubert Dorf A, dann säubert eine andere Gruppe im Gegenzug Dorf B. Und schon haben wir glaubwürdige Berichte von Gräueltaten auf beiden Seiten. Der Mechanismus der Vendetta bzw. des Rachegedankens hält Einzug. Tragisch ist dabei, dass Vertrauen selbst dort nachhaltig zerstört wird, wo die Menschen seit Jahren friedlich miteinander zusammengelebt und untereinander geheiratet haben. Dann setzt sich die Gewaltspirale fort.

Dies muss noch zu etwas anderem in Beziehung gesetzt werden, nämlich dazu, dass Eliten versuchen, die Massen für ihre Belange zu instrumentalisieren und mit Schlagworten wie Nation und Identität zu mobilisieren. Diese Ansätze können dadurch unterstützt werden, Massaker zu provozieren.

So lässt sich der Konflikt in Bosnien in den 1990ern erklären, oder im Punjab 1947. Doch zeigt uns die jüngere Geschichte des Punjab, als das Morden zwischen Sikhs und Hindus offenbar aufgehört hatte, dass diese schreckliche Dialektik nicht unaufhaltsam ist. Manchmal erweist sich das Geflecht aus den die Gemeinschaften übergreifenden Beziehungen als stärker als die Versuche, diese durch ein Massaker zu zerstören.

Ich will damit verdeutlichen, dass nationalistische Gewalt in die größere Kategorie von Gewalt eingeordnet werden sollte, eine Form von Gewalt, die hervorgerufen wird von der Bedrohung, der moderne kollektive Identitäten ausgesetzt sind. In diesem Zusammenhang lassen sich Analogien zu Bewegungen wie al-Quaida erkennen, in denen ein Gefühl von Bedrohung nicht durch das Schlagwort Nation evoziert wird, auch nicht durch die Sprache, sondern durch einen idealisierten Islam, der angeblich von ›Juden und Christen‹ unterminiert und angegriffen wird, oder von den USA. Und es ist durchaus nachvollziehbar, dass bei

Konflikten, die wir gerne als ›nationalistisch‹ motiviert einordnen, das entscheidende Kriterium ein ›religiös‹ motivierter Auslöser ist, wie wir bei der BJP in Indien gesehen haben.

Die Geschichte der Neuzeit bewegte sich immer mehr und mehr in die Richtung, Menschen in solche Identitäten einzubinden – in früheren Zeiten war diese Identifikation viel stärker örtlich gebunden, damals standen das Verwandtschaftssystem und die Zugehörigkeit zu Clans oder Stämmen im Mittelpunkt. Diese frühen Identitäten werden oft als ›Netzwerke‹ definiert, in denen Menschen also in einem engen Beziehungsgeflecht leben, mit vielen anderen in Verbindung stehen, doch jeweils in einem anderen Verhältnis zueinander. Wie bei einem Verwandtschaftssystem mit Beziehungen zwischen Vater, Sohn, Vetter zweiten Grades usw. Im Gegensatz dazu sind die modernen politischen Identitäten auf ›Gruppen‹ ausgerichtet: Die Menschen werden dort, wo wir uns alle einheitlich mit dem Ganzen identifizieren, gemäß ihrer Gruppenzugehörigkeit aneinandergebunden, wie Serben, Amerikaner oder Hindus.[18]

Diese Entwicklung scheint Fahrt aufzunehmen. Ein ganzes Bündel aus Faktoren zieht die Menschen fort von den früheren Netzwerk-Identitäten. Das liegt nicht allein an den Bestrebungen der Eliten, die Menschen für ihre Belange zu mobilisieren, sondern auch an Migration oder an den Auswirkungen der Globalisierung; entweder geschieht das

18 Vgl. Craig Calhoun, »Nationalism and Ethnicity«, in: *American Review of Sociology* 9 (1993) S. 230. Für die Ausführungen in diesem Abschnitt fand ich viele Anregungen in Calhouns jüngstem Werk.

über die Verbreitung in den Medien oder indem die alten Lebensgewohnheiten, innerhalb derer wir für unseren Lebensunterhalt sorgen, untergraben werden. Migration kann bedeuten, dass man mit anderen Umgang hat, die einem nicht vertraut sind und bei denen man nicht weiß, wie sie reagieren werden. Man ist dann nicht mehr imstande, die alte Lebensweise aufrechtzuerhalten bzw. wiederherzustellen. Der Verlust der gewohnten Möglichkeiten, den eigenen Lebensunterhalt zu bestreiten, kann unsere Würde und unsere Identität untergraben und zu einem Gefühl von Verlorensein und Hilflosigkeit führen. Der Verfall des Alten bringt oft Desorientierung mit sich oder aber Gefühle wie Demütigung und ein weniger stark ausgeprägtes Selbstwertgefühl.

Unter diesen Voraussetzungen kann eine neue Gruppenidentität den Menschen etwas sehr Kostbares bieten: Sie stellt nicht nur eine Richtung oder Orientierung, sondern bietet auch ein Gefühl von (kollektiver) Handlungsfähigkeit. Wir müssen nicht länger ein Gefühl von Hilflosigkeit erdulden angesichts global wirkender Kräfte, die wir nur unzureichend begreifen, wir werden vielmehr dazu angehalten, selbst aktiv zu werden, und zwar gegenüber Übeln und Missständen, die klar benannt und identifiziert werden. Vor dem Hintergrund dessen, was weiter oben zu Sündenböcken und Heiligen Kriegen gesagt wurde, ist es nicht verwunderlich, dass diese Übel oft einem Feind zugeschrieben werden, der uns vernichten will und gegen den wir kämpfen müssen. Wir sollten erfassen, wie überwältigend die Verlockung sein kann, bei dieser Art von (oftmals tödlicher) Mobilisierung mitzuziehen, wenn sie einem als einzige Möglichkeit erscheint, Orientierung, Würde und Handlungsfähigkeit wiederzuerlangen.[19]

Gewalt im Zusammenhang mit Gruppenidentitäten gehört zu den drängendsten Gefahren des kommenden Jahrhunderts. Sie könnte unsere Welt buchstäblich zerstören.

7. Moralisch befeuerter Hass/Ausgrenzung

Ich habe mich bis hierher mit dem befasst, was wir gemeinsam als schreckliche Fälle von Gruppengewalt erkennen. Doch neben diesen Fällen begegnen uns in der heutigen Welt auch eher friedfertige Gesellschaften, in denen das Ausmaß alltäglicher Gewalt relativ niedrig ist. Tatsächlich ist in manchen dieser Gesellschaften das Level auffallend niedriger als in früheren Epochen. Man vergleiche etwa Frankreich unter dem Ancien Régime mit dem heutigen Frankreich. In der modernen Zivilisation zeigt sich also das Paradoxon von Gesellschaften, die in ihren ›normalen‹ inneren Abläufen manchmal auch über lange Zeiträume hinweg friedliebender sind als andere im Verlauf der Geschichte, während sie sozusagen an ihren Grenzen immer wieder verheerende Kriege führen, von denen sie unter bestimmten Voraussetzungen selbst eingeholt werden; gelegentlich werden sie Opfer von Bürgerkriegen. Würden wir nur die langen Perioden inneren Friedens in Betracht ziehen, können wir die Hoffnung hegen, dass die moderne Zivilisation Krieg und Gewalt überwinden wird – das ist eine der gro-

19 Ich habe diesbezüglich eine Menge gelernt von der interessanten Darstellung in Kakar, *Colors of Violence*, insb. in Kap. 6.

ßen Hoffnungen des Liberalismus. Sobald wir jedoch an die furchtbare Zerstörungskraft der modernen Kriegführung und an ethnische Säuberungen denken, versinken wir in Schwermut.

Aber wie funktioniert nun der innere Frieden? Unsere Zivilisation gründet auf der Vorstellung einer Ordnung für Individuen, die mit den gleichen Rechten ausgestattet sind und deren Handeln auf wechselseitig bereichernde und fördernde Formen der Selbstverwirklichung ausgerichtet sein sollte. Hierbei handelt es sich nicht um irgendeine beliebige Vorstellung, sondern um etwas, das in den Institutionen und Praktiken fest verankert ist, und in politischer und ökonomischer Hinsicht, im gesellschaftlichen Selbstbild und in der disziplinierten Ausbildung moderner Individuen. Als etablierte Ordnung gelingt es ihr größtenteils, uns auf Kurs zu halten und die schlimmsten Auswüchse von Gewalt und Bedrohung zu verhindern. Doch spüren wir, wie zerbrechlich diese Ordnung ist, und vor allem, wie sehr es darauf ankommt, die große Masse der Bevölkerung in die wechselseitig bereichernden Mechanismen der Wirtschaft und des Wohlfahrtsstaates einzubinden.

Doch selbst dann, wenn alles reibungslos funktioniert, kann die moderne Ordnung verschiedene Formen von Verachtung und Ausgrenzung absondern, die einige der Beweggründe wiederholen, die in weniger maßvollen Kontexten in Gewalt umschlagen. Weiter oben kümmerte ich mich um das Überleben blutiger, bisweilen höchst ritualisierter Gewalt, die immer mit einem Element der Säuberung einhergeht. Doch gibt es auch latenten Hass, selbst dort, wo man die Gewalt unter Kontrolle hat. Sehen wir uns einige Beispiele an.

Schauen wir uns eine weitere Facette der modernen moralischen Ordnung an: Viele der Disziplinen, die sie entwerfen, jedoch ebenso, die intellektuelle Auffassung, die sie einfordert, verlangen eine Haltung, die Dinge aus der Distanz zu betrachten und sie zu objektivieren. Eine Haltung also, die im Einklang steht mit einer ›wissenschaftlichen‹ Perspektive. Ein solcher Ansatz ist gleich aus mehreren Gründen gerechtfertigt, nicht zuletzt deshalb, weil uns diese Haltung zurücktreten lässt von der ungezügelten, metaphysisch-religiös aufgeladenen Bedeutung der numinosen Kraft von Gewalt und Sexualität. Dies sollte uns also davor bewahren, mit dem Heiligen Zorn mitzuziehen. Und diese Haltung gestattet es uns, ruhig und nüchtern zu sehen, was zu tun ist. Auf diese Weise können wir ruhiger werden und uns sammeln, wir werden zu klarsichtigen Akteuren der Heilung, der Reform und der Verbesserung.

Objektivierung verträgt sich problemlos mit einer therapeutischen Haltung. Wenn wir uns daranmachen, unsere Problemfälle aufzuarbeiten, haben wir es nicht mehr mit dem Bösen zu tun, sondern mit verschiedenen Arten von Pathologien, die wir kurieren müssen. Wir bilden das genaue Gegenstück zu Robespierre mit seinem allgegenwärtigen Moralisieren. Doch erlaubt es uns die therapeutische Perspektive, diese Menschen als Mündel, als Patienten zu behandeln. Das Böse hat eine gewisse Würde, es ist tief eingebunden in eine verzerrte Sicht auf das Gute. Pathologie ist nichts als Unvermögen. An dieser Stelle liegt der Ursprung für eine potentiell paradoxe Abweichung, in der eine gut gemeinte Haltung ins Bösartige umschlägt.

Diese Abweichung kann man auch aus einem anderen Blickwinkel angehen. Die freie Haltung ist auch eine Strategie, sich zu distanzieren. Menschen als krank und als pathologische Fälle zu behandeln, die einer Therapie bedürfen, macht sie zu etwas anderem – sie sind dann nicht mehr echte Gesprächspartner, sie verkörpern nicht mehr alternative Möglichkeiten, die für uns attraktiv sein und uns in Versuchung führen könnten. Es liegt hier also eine Parallele vor zu der früheren Vorgehensweise, den Außenseiter als Gegenpart zu definieren: als eine andere Spezies, als Wilden. Die Außenseiter existieren in einem anderen Raum, hinter einer Wegbiegung, dort, wo sie auf keinen Fall unsere Gesprächspartner sein können.

Da sie nun einmal keine echten Gesprächspartner und keine voll eigenverantwortlichen Wesen sind, kann dies auch bedeuten, dass man sie schlecht behandeln kann, vielleicht sogar schlecht behandeln *muss*. Man möchte, dass sie sich profilieren. Wir brauchen nicht allzu zimperlich mit ihnen umzugehen. Man schaue sich nur an, wie die politisch Korrekten in den USA diejenigen behandeln, die als ›Homophobe‹ oder ›Misogyne‹ eingestuft werden. Wir können die öffentliche Bloßstellung als Mittel des Zwangs oder der obligatorischen Umerziehung einsetzen –, oder für Schlimmeres.

Aus der Milde der Reinwaschung kann die Böswilligkeit entstehen, den anderen schlecht und verächtlich zu behandeln. Doch ist an dieser Stelle vielleicht noch etwas anderes am Werk. Vielleicht hält hier erneut der Heilige Zorn Einzug. Daher kann die Strategie, sich zu distanzieren, zum Deckmantel einer anderen, viel älteren Strategie werden. Dostojewski zum Beispiel hat diese Wendung in *Die Beses-*

senen (auch *Die Dämonen*) eindrucksvoll herausgearbeitet. Das Desengagement kann in gewisser Hinsicht Heuchelei sein, eine Komödie, die wir uns selbst vorspielen.

Die beiden Ausprägungen des Hasses – also der identitätsgesteuerte und der liberal-moralisch gesteuerte Hass – können sich miteinander verbinden: Ein Beispiel dafür wäre der Kreuzzug der internationalen Gemeinschaft gegen Miloševićs Serbien. Wenn ich dieses Beispiel anführe, soll das nicht bedeuten, dass ich diese Politik für falsch halte. Das wäre eine andere, sehr schwierige und äußerst komplexe Frage. Doch völlig unabhängig davon, ob es nun richtig oder falsch war: Wir sollten uns über die Gefühle im Klaren sein, die in diesem Zusammenhang in unseren Gesellschaften mobilisiert wurden. Und einige davon sind beunruhigend.

In einer ganz anderen, man könnte sagen: entgegengesetzten Weise kann die Haltung, auf Distanz zu gehen, zu der die moderne moralische Ordnung ermuntert, Gewalt hervorrufen, und zwar als Reaktion auf eben diese Haltung. In unserer modernen liberalen Welt gibt es Bestrebungen, direkt gegen jene Mechanismen vorzugehen, die ich in den oberen Abschnitten beschrieben habe, nämlich der Gewalt all das Numinose zu nehmen und das Leben auf diese Weise wieder friedlicher und geordneter zu machen. Das bedeutet aber, dass die Gestalt des Helden nivelliert wird. Sozusagen schon immer hat das, was als Nivellierung des Lebens und als Ablehnung des Heldentums und wahrer Größe verstanden wurde, Reaktionen hervorgerufen. Gewalt abzulehnen bedeutet auch, die Kriegerehre abzulehnen, und genau das erscheint vielen als ein zu hoher Preis. Der vielleicht einflussreichste Denker, der dieser Reaktion eine Stimme gegeben hat – und zwar auf sehr radikale Weise –, ist Friedrich Nietzsche. Sein Einfluss auf die Hochkultur des letzten Jahrhunderts ist allgegenwärtig. Und eine solche Art der Reaktion ist zudem auf der politischen Bühne hervorgebrochen, nämlich in Gestalt des Faschismus. Das vollzieht sich auch heute noch, weder durch Unterstützung durch die Hochkultur noch durch eine faschistische Ideologie bei Gewaltausbrüchen, wie etwa bei Skinheads.[20]

8. Le Souci de la Victime

Die Niederlage des Nationalsozialismus hat Raum geschaffen für ein weiteres wirkmächtiges Narrativ. Girard hat dies »le souci de la victime« genannt (»die Sorge um das Opfer«).[21] An dieser Stelle zeigt sich der enorme Einfluss des Neuen Testaments auf unsere Kultur. Doch wird dieser Einfluss ebenfalls vereinnahmt und umgedeutet.

In der modernen Welt existiert ein Narrativ, das dem Narrativ von der Ausbreitung der Freiheit und der Demokratie gleicht. In diesem Narrativ machen wir all die Fehler und Ungerechtigkeiten der Geschichte wieder gut. Wir kommen den Opfern zu Hilfe und erkennen alle Opfer an.

20 Dies habe ich ausführlicher dargelegt in: »The Immanent Counter-Enlightenment«, in: *Canadian Political Philosophy*, hrsg. von Ronald Beiner / Wayne Norman, Don Mills, Ont. 2001, S. 386–400.

21 Vgl. Girard, *Je vois Satan*, Kap. 13. [»Die moderne Sorge um Das Opfer«, in: R. G., *Ich sah den Satan vom Himmel fallen wie einen Blitz. Eine kritische Apologie des Christentums*, aus dem Franz. von Elisabeth Mainberger-Ruh, München 1999, S. 202–212.].

Das ist verbunden mit dem moralischen Anspruch, den Tätern und Verbrechern Strafe zuzumessen. Auf diese Weise wird gerechtfertigt, Strafen zu verhängen bzw. Vergeltung zu üben. Also ist wieder ein starker Motor der Zerstörung am Werk; und ein ähnlich paradoxer.

Die Sorge um das Opfer stellt Girards Ansicht nach ein entscheidendes Merkmal der modernen Welt dar. Wie ist das nun zu verstehen? Erklären lässt sich das teilweise mit der modernen moralischen Ordnung, doch reicht das nicht aus, sondern liefert den Maßstab für Gleichheit und gegenseitigem Respekt, und anhand dieses Maßstabes werden Opfer als solche erkannt. Doch steckt hinter dem Gedanken der Sorge um das Opfer noch mehr.

Nämlich die Idee, dass wir uns auf die ultimative Ordnung zubewegen, indem wir alle verborgenen Viktimisierungen aufdecken, die vertuscht und geleugnet werden und die öffentlich angeprangert werden müssen. Dies ist also Teil der dynamischen Theorie, wie wir uns auf diese Ordnung zubewegen; die nicht von der Ordnung selbst vorgeschrieben wird – sie wurde ja ursprünglich für die Rechtfertigung der etablierten Strukturen oder für das verwendet, was diesen Strukturen zugrunde lag, und zwar die angemessene Beschaffenheit der Macht, wie etwa bei Locke.

Diese Sorge ist unmittelbar dem Christentum entlehnt. Zu den Evangelien gehört der Gedanke der Umkehr, indem sie zeigen, dass das Opfer unschuldig ist. Sie deuten eine Erhöhung der Opfer und all der Verachteten und Erniedrigten an. Verschiedene religiöse Reformen haben diese Idee der Umkehr weitergedacht. Die Reformation selbst gehört zu diesen. Wie auch der moderne Humanismus, der das gewöhnliche menschliche Leben gegen Verfolgung im Namen ›höherer‹ Formen der Spiritualität verteidigt.

Dieser Elan wird also Teil unserer heutigen Ethik, Teil der politischen Ethik. In Verbindung mit einer bestimmten Geschichtsauffassung ergibt sich daraus eine umgewandelte Version der modernen moralischen Ordnung als eschatologische Idee.

Einerseits erwächst daraus die Stärke, Ungerechtigkeiten zu bekämpfen. Andererseits werden auf diese Weise wieder Grenzen gezogen, der Feind, also das Böse, wird wieder an den Pranger gestellt.

Von dort her kommt also das mächtige Charakteristikum der Opferrolle. Dies hätte unsere Vorfahren, die nach dem Kriegerethos lebten, doch sehr überrascht. Kein griechischer Krieger würde darauf beharren, ein unterdrückter Leibeigener zu sein. Friedrich Nietzsche wäre gleich doppelt entsetzt gewesen. Warum dieses Charakteristikum? Denn mein Opfersein bedeutet, dass der andere der Täter ist, dass der andere jemanden opfert. Ich bin rein. Indem wir die Opferrolle für uns in Anspruch nehmen, unterstreichen wir unsere Reinheit; wir stehen auf der richtigen Seite, haben recht. Mehr noch, denn unsere Sache ist eine gute Sache, und deshalb können wir kämpfen und Gewalt ausüben, die gerecht ist: eine heilige Gewalt. Demzufolge haben wir das Recht, furchtbare Dinge anzurichten, und dieses Recht haben andere nicht. Hier zeigt sich die Logik des modernen Terrorismus. Selbst die Nazis bedienten sich eines Prototyps dieser Logik. Ich habe schrecklich unter anderen gelitten, und *genau deshalb* kann ich jetzt Unheil anrichten.

All dies setzt voraus, dass man das Böse außerhalb verortet, es läuft also auf die Unterscheidung zwischen gut/böse hinaus. Doch nach den Auffassungen der modernen Selbstdistanzierung sollen wir nicht an das Böse glauben. Das wird jedoch durch den Umstand unterlaufen, dass eben jene Definition, mit der wir uns als Menschen guten Willens hinstellen, offenbar voraussetzt, dass wir die anderen als Böse sehen. Also stellen wir unsere Tugend unter Beweis, indem wir gegen die Bösen kämpfen.

Selbst für die größten Entzauberer muss das Böse wieder seinen Platz in ihrem Weltbild finden, denn sie selbst sehen sich als Menschen reinen, guten Willens und müssen irgendwo ihre Gegner ausfindig machen, das reine Böse. Es kommen also neue Mythen des Bösen auf, die es theoretisch gesehen gar nicht geben kann. Sie müssen zu den Mythen des guten Willens passen. Diese sind rousseauistisch: Wir sind im Grunde alle gut. Woher kommt dann das Böse? Vielleicht liegt es an der schlechten Erziehung, vielleicht wurde man missbraucht. Doch macht das diejenigen, die Böses taten, selbst zu Opfern, zu Menschen, die in ihrer Entwicklung negativ beeinträchtigt wurden? Es herrscht also eine therapeutische Sichtweise vor. Irgendwo müssen wir aber ein Objekt finden, das wir austreiben können, ein Objekt, das all das Böse in sich birgt. Zunächst kann es schlichtweg das »System« sein, wie David Martin anmerkte.[22] Doch verlangt die Suche nach dem Bösen letzten Endes solche, die solches wollen. Also nimmt man die ins Visier, die das System unterstützen. Sie sind die wahren Bösen, die wahren Täter, die Schikanierer, auch wenn sie sich

22 David Martin, *Dilemmas of Contemporary Religion*, Oxford 1978, S. 94.

das selbst nicht eingestehen. Vielleicht ist es ihnen nicht bewusst, vielleicht halten sie das System für vollkommen ›normal‹. Trotzdem, und gerade deshalb, sind sie die Bösen. Sie können als die wahren Feinde behandelt werden.

9. Gewalt bezwingen

Gibt uns all das in irgendeiner Weise Aufschluss darüber, wie Gewalt gemildert werden kann oder wie man sie ganz aus der Welt schaffen könnte? Besteht Hoffnung, dies zu bewerkstelligen?

Betrachten wir zunächst das, was ich die Kant-Hypothese nennen möchte, obwohl Kant nicht der Einzige war, der sie vertreten hat. Dieser Ansicht nach neigen geordnete, demokratische Gesellschaften weniger zu Gewalt, sie führen untereinander weniger Kriege und reiben sich vermutlich nicht in Bürgerkriegen auf. Da ist etwas Wahres dran, wie wir in Abschnitt 7 gesehen haben. Die moderne, disziplinierte Ordnung hat Wirkung gezeigt. Aber der Frieden ist zerbrechlich, und dies aus mehreren Gründen. Teilweise liegt es an bestimmten Bedingungen für den Erfolg der ökonomischen Ordnung, teilweise daran, dass Ausgrenzung und Rivalitäten Spannungen erzeugen, die dem Anschein nach gewaltfrei bleiben. Dann haben wir noch das Problem, dass es einige Gesellschaften gibt, die große Schwierigkeiten haben, der Klasse der geordneten, demokratischen Gemeinwesen beizutreten.

Deshalb muss jedes Programm zur Überwindung von Gewalt mindestens zwei Zielvorstellungen aufweisen: (1.) muss man geordnete demokratische Gemeinwesen aufbauen; (2.) muss man danach streben, deren Errungenschaften so weit wie möglich zu verbreiten, indem man zum Beispiel verhindert, dass sich verzweifelte Gruppen bilden können, die sich ausgeschlossen fühlen; insbesondere junge Männer.

Doch dieses Programm scheint hoffnungslos unzureichend zu sein angesichts der Übernahme, oder besser gesagt: der Neuauflage von alten Formen des Sündenbock-Mechanismus und des Heiligen Krieges bis in unsere heutige Zeit hinein. Was können wir unternehmen, um dagegen anzugehen? Könnte es ein drittes Element für unser Programm geben?

Eine Antwort könnte lauten: Machen wir uns die metaphysischen bzw. religiösen Wurzeln dieser grundlegenden, auf Säuberung abzielenden Gewalt bewusst. Denn wie können wir uns ihrer jetzt entledigen? Sie ist religiös oder zumindest metaphysisch aufgeladen, und deshalb werden wir sie nur dann los, wenn wir die religiöse Dimension unserer Existenz überwinden. Das Problem besteht bis heute aber darin, dass sich viele der Baumeister einer angeblich säkularen Republik, all die Lenins und Robespierres, nie wirklich von dem Inkubus befreien konnten, obwohl sie glaubten, es wäre ihnen gelungen.

Doch scheint es anhand der weiter oben erörterten Phänomene klar zu sein, dass der bloße Vorschlag einer nichtreligiösen Theorie, wie der moderne Humanismus, nicht zum erwünschten Ergebnis führt. Die religiösen Formen bilden sich offenbar immer wieder neu heraus. So gesehen müssten wir für eine tatsächliche, tiefschürfende Entzauberung, für eine totale Abkehr von der Religion streiten. Wie können wir das tun? Und ist das tatsächlich möglich?

Aus dem Gesagten drängt sich eine weitere Antwort auf: All das, was oben angeführt wurde, zeigt doch, dass man sich der religiösen Dimension nicht entziehen kann. Vielleicht bleibt uns nur noch, zwischen guter und schlechter Religion zu unterscheiden. Nun, es gibt gute Religion. Da wäre zum Beispiel Girards Interpretation des Alten und Neuen Testaments als Ausgangspunkt für einen Gegenentwurf zum Sündenbock-Narrativ, der zeigt, dass das Opfer unschuldig ist. Und etwas Ähnliches ließe sich auch über Buddha sagen.

Entsprechend können wir auf die Evangelien verweisen, genauer: auf das in diesen entworfene Bild einer christlichen Gegen-Gewalt: eine Transformation der Energie, die für gewöhnlich in die Sündenbock-Reinigung übergeht; eine Transformation, die danach strebt, die Angst vor der Gewalt zu überwinden, doch nicht, indem man ihrer Herr wird, nicht indem man sie als eine vernichtende Kraft gegen das Böse einsetzt, vielmehr setzt sich diese Transformation das Ziel, die Angst zu überwinden, indem man sich ihr ausliefert, indem man mit Liebe und Vergebung antwortet und auf diese Weise eine Quelle des Guten und der Heilung erschließt.

Doch ließe sich ein ähnliches Argument zu dem, das gerade in Bezug auf den Humanismus angeführt wurde, auch zu diesen religiösen Positionen anführen. Die bloße Annahme einer Religion, selbst dann, wenn es sich prinzipiell um eine ›gute‹ handeln sollte, erfüllt den Zweck noch nicht. Das Christentum ist verantwortlich für das Auftauchen der Sorge um das Opfer in der modernen Welt. Doch sehen wir ja, wie dieses von einer Religion vereinnahmt werden kann, die darauf abzielt, sich der Sündenböcke durch Säuberung zu entziehen. Wollen wir an dieser Stelle allen Ernstes einwenden, dabei handele es sich um eine säkularisierte Variante? Wie erklären wir dann die lange, trostlose und schreckliche Geschichte des christlichen Antisemitismus? Aus Girards Perspektive handelt es sich dabei um einen blanken Verrat der Evangelien, um eine 180-Grad-Wende. Man kann die Gefahr also nicht dadurch überwinden, indem man bloß an diese ›guten‹ Religionen glaubt.

Beide Seiten sind von dem Virus befallen und müssen ihn bekämpfen.

Wohin führt uns das bei unserer Suche nach einer dritten Maßnahme in unserem Programm? In den oben genannten paradoxen Umkehrungen haben wir ein Muster erkannt. Das Gute, das unserer Zielsetzung innewohnt, oder unserer Sicht auf Ordnung, wird immer dann zunichtegemacht, wenn wir darum kämpfen, es zu verwirklichen. Robespierres Republik ohne die Todesstrafe befeuert in gewisser Weise ein Programm des eskalierenden Abschlachtens; Ähnliches könnte man anführen in Bezug auf Herders Ordnung von Nationen, die trotz aller Diversität zusammenleben, oder auf das Ziel, alle Opfer aufzufangen. Das Paradoxe daran besteht darin, dass allein das Gute der Zielsetzung uns – seine Urheber und Verfechter – als gut definiert und damit den Weg freimacht, damit wir unsere Selbstintegrität auf einen Gegenpart gründen, der ebenso böse sein muss, wie wir gut sind. Je höher der moralische Anspruch, desto giftiger der Hass und demzufolge auch die Zerstörung, die wir anrichten, ja: anrichten *müssen*. Sollte sich der Kreuzzugsgedanke im Moralismus einer modernen Welt entfalten, sind selbst die letzten Spuren ritterlichen Respekts vor dem Feind verschwunden, für den einst

Saladin und Richard Löwenherz standen. Übrig bleibt nichts als der düstere, unnachgiebige Kampf gegen das Böse.

Es besteht kein Allheilmittel gegen diese selbstgerechte Wiederherstellung einer Klassifizierung von Gewalt, gegen Grenzen, die gezogen werden zwischen den Guten und den Bösen, was wiederum die fürchterlichsten Gräueltaten ermöglicht. Doch stehen Handlungsmöglichkeiten offen, allerdings immer im jeweiligen Kontext, sobald man nämlich auf das durch Leiden erworbene Recht bzw. genauer gesagt auf das Recht des Unschuldigen verzichtet, den Schuldigen zu bestrafen, auf das Recht des Opfers, den Täter einer Reinigung zu unterziehen. Diese Handlungsweise stellt das genaue Gegenteil der instinktiven Verteidigung unserer gerechten Sache dar. Man könnte sie als Vergebung bezeichnen, doch fußt sie auf einer tieferen Ebene, auf der Erkenntnis, dass die Menschheit fehlbar und gewöhnlich ist.

In Dostojewskis *Die Dämonen* lautet der Wahlspruch der wissenschaftlichen Revolutionäre, die die Welt verändern wollen: »Niemand ist schuld«. So lautet der Slogan einer distanzierten Haltung zur Realität, der Slogan einer therapeutischen Auffassung. Dieser Slogan verdeckt jedoch eine andere Haltung, die die Schuld allein auf den Feind projiziert; auf diese Weise ermächtigen wir uns selbst zum Handeln und verstehen dieses Handeln als absolut gerechtfertigt. Im Gegensatz dazu steht die Einsicht, die Dostojewskis Charaktere, die auf der Suche nach Erlösung sind, anstreben: »Wir sind alle schuld.« Mit eben dieser Renaturierung eines gemeinsamen Bodens lässt sich die Handlungsweise definieren, von der ich gerade spreche. Sie eröffnet dem früheren Feind eine neue Grundlage dafür, Mitverantwortung zu übernehmen.

Am besten schauen wir uns ein Beispiel an, ein sehr bemerkenswertes Beispiel aus unserer jüngeren Geschichte. Ich denke da an Nelson Mandela. An diesem Beispiel zeigt sich seine große politische Weisheit. Hätte er den allzu verständlichen Weg der Vergeltung eingeschlagen, wäre es ihm unmöglich gewesen, eine neue, demokratische Gesellschaft aufzubauen. Genau diese Überlegung hat viele politische Führer in der Geschichte nach Bürgerkriegen dazu bewogen, Amnestie zu gewähren. Doch ging es in Mandelas Fall noch um mehr. Amnestien haben den Nachteil, dass die Wahrheit oder zumindest das Bewusstsein für das furchtbare Unrecht für gewöhnlich unterdrückt wird, das begangen wurde und das dann im Gemeinwesen weiter unter der Oberfläche gärt. Mandelas Antwort darauf war die Einrichtung der Wahrheits- und Versöhnungskommission (Truth and Reconciliation Commission, TRC), die es sich zum Ziel gesetzt hat, die schrecklichen Untaten ans Licht zu bringen, jedoch nicht notwendigerweise in einem Kontext von Vergeltung. An dieser Stelle zeigt sich die neue Grundlage der Mitverantwortung auf beiden Seiten, die diese Kommission ermöglicht.

Niemand weiß, ob dies letzten Endes funktionieren wird.[23] Eine Handlungsweise wie diese widerspricht dem

23 Vgl. dazu schon die frühen Hinweise zu »Versöhnung und Einheit« in Joachim Braun (Hrsg.), *Versöhnung braucht Wahrheit. Der Bericht der südamerikanischen Wahrheitskommission*, Gütersloh 1999, S. 187–189, sowie zusammenfassend den Vortrag von Eduardo González, »Set to Fail? Assessing Tendencies in Truth Commissions Created After Violent Conflict«, in:

völlig nachvollziehbaren Verlangen nach Vergeltung, welches diejenigen verspüren, die gelitten haben, sie widerspricht darüber hinaus dem Reflex zur Selbstgerechtigkeit. Doch ohne dies und ohne Mandelas ganz erstaunliche Haltung unmittelbar nach der Entlassung aus dem Gefängnis – ich habe das als seine bewusste Abkehr von der berechtigten Opferrolle bezeichnet –, hätte sich das neue Südafrika nicht einmal ansatzweise der Versuchung zum Bürgerkrieg entziehen können, die damals drohte und bis heute nicht ganz gebannt ist.[24]

Es gibt noch andere Beispiele aus diesem Bereich des Übergangs weg von despotischen und oftmals mörderischen Regimen, die untrennbar verbunden sind mit der Ausbreitung der Demokratie. Man denke nur an die Übergangsphase in Polen und an Adam Michniks eindringlichen Appell, Wiedergutmachung und Vergeltung im Namen des Aufbaus einer neuen Gesellschaft zu entsagen. Die Haltung des Dalai Lama in Tibet gegenüber der chinesischen Unterdrückung liefert ein weiteres eindrucksvolles Beispiel.

In Handlungsweisen wie diesen sollten wir das dritte Element in unserem Programm sehen. Sie folgen keiner der Richtlinien, die wir weiter oben beschrieben haben, und

Challenging the Conventional: Can Truth Commissions Strengthen Peace Processes? Vorw. von Kofi Annan, 2016, S. 1–13. Online: https://www.ictj.org/sites/default/files/ICTJ_TruthComm Peace_English_2016.pdf

24 Eine interessante Diskussion der Vorzüge und Risiken der Wahrheitskommission findet sich in: Rajeev Bhargave, »Restoring Decency to Barbaric Societies«, in: *Truth and Justice*, hrsg. von Robert Rotberg / Dennis Thompson, Princeton 2000, S. 45–67.

obwohl sie den in diesen wirkenden religiösen Traditionen in hohem Maße verpflichtet sind, sind sie nicht notwendigerweise das Resultat eines persönlichen religiösen Glaubens. Doch ganz unabhängig davon, wie die Beweggründe dieser Handlungsweisen aussehen mögen: Ihre Kraft liegt nicht darin, die gewalttätige Kategorisierung von Gruppen zu unterdrücken, sondern vielmehr darin, diesen Irrsinn umzugestalten im Namen einer neuen gemeinsamen Welt.

10. Coda: Religion und Gewalt

Was sagt uns das nun alles über die Beziehung zwischen Gewalt und Religion? Ist Religion der wesentliche Auslöser für Gewalt gegen Gruppen? Nun, es stellt sich zumindest so dar, dass Religion und Gewalt seit Anbeginn der menschlichen Kultur eng ineinander verzahnt sind. Und heutzutage gibt es sicher Fälle, bei denen diese Verzahnung zum Tragen kommt.

Auf der anderen Seite, etwa dann, wenn wir das, was wir die religiös motivierte Anwendung von Gewalt nennen könnten, einer näheren Untersuchung unterziehen (insbesondere den Hang zum Sündenbock-Mechanismus und die Selbstbestätigung unserer Reinheit, indem wir all das Böse bei einem äußeren Feind verorten – oder ersatzweise im Innern, doch dann muss der Feind vertrieben werden), stellen wir fest, dass all das eine Ablehnung der Religion überdauern kann und sich in ideologisch-politischen Ausprägungen wiederholt, die ausgesprochen weltlicher Natur, ja sogar atheistisch sind. Darüber hinaus wiederholt sich solches mit einem guten Gewissen im falschen Gewand; man ist sich nicht bewusst, dass man nur ein altes und verabscheuungswürdiges Muster wiederholt, weil man allzu leicht der Annahme erliegt, all das gehöre in die alten Zeiten der Religion und könne daher doch gar nicht in unserem aufgeklärten Zeitalter geschehen.

Doch mehr noch als das: Sollte Religion von Beginn an mit Gewalt einhergegangen sein, dann hat sich zumindest die Art dieser Verstrickung verändert. In archaischen Gruppen der Vorachsenzeit wurde Gewalt durch Rituale im Krieg oder durch Opfer geweiht, Gewalt also in eine Beziehung zum Heiligen gesetzt. Dem Töten an sich, der Erregtheit und dem Rausch des Tötens, wird eine numinose Tiefe verliehen, genau wie bei anderen Ritualen in Bezug auf sexuelle Begierde und Vereinigung.

Mit dem Aufkommen der ›höheren‹ Religionen der Nachachsenzeit tritt diese Art von numinoser Vereinnahmung mehr und mehr in den Hintergrund. Wir erreichen einen Punkt in der Geschichte, wo Gewalt in einigen Religionen keinen Platz mehr im geheiligten Leben oder seinen verwandten Sphären hat. Das trifft zu auf das Christentum, auf den Buddhismus; im Hinduismus etwa erkennen wir den stetig wachsenden Wunsch nach *ahimsa* (d. h. Gewaltlosigkeit), so dass sogar Angehörige der Jatis (d. h. den sozialen Untergruppen des Kastensystems), die früher Tiere töten durften und von denen dies auch erwartet wurde, heutzutage versuchen, Anerkennung zu finden, indem sie diesen Praktiken entsagen.

Wie wir aber gesehen haben, kehren die geheiligte Gewalt und die Gewalt, die auf den Gedanken der Säuberung setzt, in unterschiedlichen Formen zurück. So kommt es zu dem Phänomen der Kreuzzüge. Das widerspricht dem

Geist des Christentums völlig; in gewisser Hinsicht war das den Bischöfen des frühen Mittelalters durchaus bewusst, wenn sie versuchten, der Kriegslust des Adels Einhalt zu gebieten und Waffenruhe Gottes auszurufen. Dennoch wurden die Kirchenvertreter überredet, in den Predigten weiterhin zum Kreuzzug aufzurufen, und das taten sie, indem sie auf den Sündenbock-Mechanismus zurückgriffen: Der Ungläubige war der Knecht der Finsternis und verdiente es deshalb, die verbittertste Feindseligkeit zu spüren zu bekommen, und dies alles im Namen des Friedensfürsten.

Dennoch blieb eine grundlegende Zwiespältigkeit. Für diese heiligen Feldzüge waren strengere Regeln als für den gewöhnlichen Krieg vorgesehen; es wurde vom Klerus nicht erwartet, dass seine Vertreter zu den Waffen griffen. Grundsätzlich stoßen wir hier aber bereits auf die Gussform, in die später Robespierre passen wird. Er ist ein erklärter Feind der Todesstrafe, sobald jedoch die Republik gegründet ist, ist er trotzdem bereit, durch Blut zu waten, um diese Republik zu errichten in all ihrer Reinheit. Er verfällt dabei der Illusion, dass man die Abläufe in ein Davor und ein Danach unterteilen könnte, in ein ›Innen‹ und ein ›Außen‹. Die Reinheit wird im Innern und während des Königreichs bzw. der Republik herrschen, aber der Terror wird all unser Handeln beherrschen, das sich auf das ›Außen‹ oder auf die Zeit vor dem Friedensreich bezieht.

Religionen der Nachachsenzeit leiden oft an einem tiefgreifend schlechten Glauben, sogar an Heuchelei. Doch sind sie da nicht die einzigen. Einige der militanten säkularen Ideologien tun es den Religionen in dieser Hinsicht gleich, übrigens auch jenes hybride Phänomen unserer

Zeit: der konfessionell definierte Nationalismus (d. h. der Hindu-Nationalismus oder Hindutva der BJP und George Bushs Nation, die der Welt die Freiheit bringt, nach dem Willen Gottes zum Wohle der Menschheit).

Doch wollen diese höheren Religionen und Ideologien Gewalt deshalb anwenden, um auf diese Weise ihre eigene Reinheit zu unterstreichen, während sie die Gewalt dabei gleichzeitig vollständig ihrer numinosen Tiefe berauben, die ihr archaische und frühere Gruppen verliehen. Gewalt ist hässlich und grausam, sie muss aber trotzdem von edlen und eifrigen Kriegern angewendet werden. Wir unterdrücken ständig eine Hälfte dessen, was wir tief in unserem Herzen über die Welt des Krieges und der Gewalt wissen; und sind ständig überrascht, wenn wir mit der Grausamkeit unserer eigenen so tapferen Soldaten konfrontiert werden, seien es nun das Massaker von Mỹ Lai oder der Folterskandal von Abu Ghuraib.

Die moderne Welt, sei sie nun religiös oder säkular, krankt an einem tiefen Riss in ihrem Selbstverständnis, an einer ideologischen Blindheit gewaltigen Ausmaßes. Diese Aspekte hat Chris Hedges in seinem erschütternden Buch auf brillante Weise bis ins Kleinste untersucht.[25]

25 Vgl. Hedges, *War Is a Force.*

Zu dieser Ausgabe

Grundlage der Übersetzung für *Bedingungen für einen freiwilligen Konsens über Menschenrechte* ist die Erstveröffentlichung des Textes:

> Charles Taylor: Conditions of an Unforced Consensus on Human Rights. In: Joane R. Bauer / Daniel L. Bell: The East-Asian Challenge for Human Rights. Cambridge 1999. S. 124–144.

Grundlage der Übersetzung für *Was ist Religion? Über die Vieldeutigkeit eines umkämpften Begriffs* ist die vom Autor selbst überarbeitete und durchgesehene Abschrift einer Rede, die er am 17. Mai 2018 am Institut für die Wissenschaften vom Menschen in Wien gehalten hat. Veröffentlicht wurde sie zuerst in einer italienischen Übersetzung von Paolo Costa:

> Charles Taylor: Che cos'è la religione? La polisemia di un concetto contestato. In: Annali di Studi Religiosi 20 (2019) S. 9–22.

Grundlage der Übersetzung für *Anmerkungen über die Ursachen von Gewalt. Von damals bis heute* ist die Erstveröffentlichung des Textes:

> Charles Taylor: Notes on the Sources of Violence: Perennial and Modern. In: James L. Heft (Hrsg.): Beyond Violence: Religious Sources of Social Transformation in Judaism, Christianity, and Islam. Fordham 2009. S. 188–213.

Bedingungen für einen freiwilligen Konsens über Menschenrechte wurde von Ute Kruse-Ebeling übersetzt, *Was ist Religion? Über die Vieldeutigkeit eines umkämpften Begriffs* sowie die *Anmerkungen über die Ursachen von Gewalt. Von damals bis heute* von Holger Hanowell.

Anmerkungen

Bedingungen für einen freiwilligen Konsens über Menschenrechte

7,19 *Jacques Maritain:* 1882–1973, französischer Philosoph.

9,16 *Onuma Yasuaki:* (nach der im Japanischen üblichen Namensnennung: Familienname Vorname), 1946–2018, Fachmann für internationales Recht und Herausgeber des *Journal of the History of International Law.*

11,4 *Lee Kuan Yew:* 1923–2015, erster Premierminister des Stadtstaates Singapur.

13,27 *Locke:* vgl. John Locke (1632–1704), *The Second Treatise on Government* IV,23: »Diese Freiheit von absoluter und willkürlicher Gewalt ist so notwendig und eng mit der Erhaltung des Menschen verbunden, daß er sie nicht aufgeben kann, ohne gleichzeitig seine Erhaltung und sein Leben zu verwirken.« (J. L., *Über die Regierung*, übers. von Dorothee Tidow, mit einem Nachw. hrsg. von Peter Cornelius Mayer-Tasch, Stuttgart 1974, S. 19.)

17,3 *Kap. 9:* Joseph Chan, »A Confucian Perspective on Human Rights for Contemporary China«, in: Joane R. Bauer / Daniel L. Bell, *The East-Asian Challenge for Human Rights*, Cambridge 1999, S. 212–240.

20,14 f. *kommunitaristischen:* kommunitaristisch: eine gemeinsinnorientierte Denkungsart, die an die Stelle einer erfahrungsunabhängigen Vernunft das vorgängige Eingebettetsein des Individuums in soziale Kontexte betont. Ein solches Denken orientiert sich in Bezug auf die normativen Grundlagen moderner Gesellschaften vorwiegend an den ethischen Traditionen des Guten; der Kommunitarismus kritisiert damit den atomistischen, allein auf subjektive Rechte zugeschnittenen Liberalismus der Moderne.

23,27 *O. J. Simpson:* Orenthal James Simpson (*1947), Footballspieler, Schauspieler, geriet 1994 in den Verdacht, seine Frau und ihren Liebhaber ermordet zu haben. Er floh im Auto, seine Verfolgung über die Straßen von Beverly Hills wurde zur ersten live im Fernsehen übertragenen Verfolgungsjagd. Im Mordprozess wurde

Simpson trotz überzeugender DNA-Beweise wegen einer von der Verteidigung für die Geschworenen kunstvoll inszenierten Probe, ob ein Handschuh (ein Beweismittel) passte oder nicht, freigesprochen.

24,9 f. *Studierendenprotesten im Oktober 1973:* Gemeint ist der Volksaufstand 1973 in Thailand; die Militärjunta wollte die demokratische Gegenbewegung mit Gewalt auflösen – am Ende wurde aber das Militärregime zerschlagen. Der thailändische König Bhumibol (1927–2016) hatte sich auf die Seite der demokratischen Demonstranten gestellt und kraft seiner Autorität ein größeres Blutbad verhindert. Das erklärt auch seine große Beliebtheit im Volk. Taylor verbindet damit den Hinweis, dass auch buddhistische Traditionen den Menschenrechten einen Weg bereiten können, auch wenn ihre politischen Systeme strenggenommen nicht demokratisch sind.

24,12 *Suchinda Kraprayoon:* *1933, nach dem Putsch des Militärs 1992 für kurze Zeit Ministerpräsident von Thailand.
im Mai 1992: Im sogenannten »Schwarzen Mai« wendete sich vor allem eine städtische Mittelschicht gegen die vom Militär gestützte Regierung bzw. gegen den Ministerpräsident Suchinda Kraprayoon: Am 20. Mai hatte der König Vertreter beider Konfliktparteien zur Audienz zitiert und ihnen eine Standpauke gehalten.

24,23 *Dharma:* zentraler Begriff (›Gesetz‹, ›Recht‹, ›Lehre‹) in indischen Religionen und indischer Philosophie.

25,15 f. *Weber'schen … Charisma:* Charismatische Herrschaft stützt sich, so der Soziologe Max Weber (1864–1920), auf »affektuelle Hingabe an die Person des Herrn und ihre Gnadengaben (Charisma) insbesondere: magische Fähigkeiten, Offenbarungen oder Heldentum, Macht des Geistes und der Rede. Das ewig Neue, Außerwerktägliche, Niedagewesene und die emotionale Hingenommenheit dadurch sind hier Quellen persönlicher Hingebung. Reinste Typen sind die Herrschaft des Propheten, des Kriegshelden, des großen Demagogen.« (M. W., *Typen der Herrschaft*, hrsg. von Andrea Maurer, Stuttgart 2019, S. 16.)

27,13 *Phutthathat:* Phutthathat Phikkhu (1906–1993) einer der einflussreichsten Theravada-Mönche seiner Zeit.

27,18 *Nibbana:* Nirwana, Begriff für den Austritt aus dem Kreis der Wiedergeburt und der Leiden.

27,26 *Gananath Obeyesekere:* *1930, emeritierter Professor für Anthropologie, besonders einflussreich in seiner Heimat Sri Lanka.

28,3 f. *Sulak Sivaraksa:* *1933, Thailändischer Professor für Soziologie, erhielt 1995 den Right Livelihood Award.

28,4 *Saneh Chamarik:* *1927, Schriftsteller, Mitglied der tailändischen National Human Rights Commission.

31,19 f. *Weber ... Entzauberung der Welt:* vgl. Max Webers (1864–1920) Studie *Wissenschaft als Beruf*: »Die zunehmende Intellektualisierung und Rationalisierung bedeutet also nicht eine zunehmende allgemeine Kenntnis der Lebensbedingungen, unter denen man steht. Sondern sie bedeutet etwas anderes: das Wissen davon oder den Glauben daran: daß man, wenn man nur wollte, es jederzeit erfahren könnte, daß es also prinzipiell keine geheimnisvollen unberechenbaren Mächte gebe, die da hineinspielen, daß man vielmehr alle Dinge – im Prinzip – durch Berechnen beherrschen könne. Das aber bedeutet: die Entzauberung der Welt. Nicht mehr, wie der Wilde, für den es solche Mächte gab, muß man zu magischen Mitteln greifen, um die Geister zu beherrschen oder zu erbitten. Sondern technische Mittel und Berechnung leisten das. Dies vor allem bedeutet die Intellektualisierung als solche.« (M. W., *Wissenschaft als Beruf*, Stuttgart 1995, S. 19.)

31,23 f. *Pascal ... nur ein Schilfrohr:* vgl. Blaise Pascal (1623–1662), *Pensées sur la Religion et sur quelques autres sujets*: »Der Mensch ist nur ein Schilfrohr, das schwächste der Natur, aber er ist ein denkendes Schilfrohr. Das ganze Weltall braucht sich nicht zu waffnen, um ihn zu zermalmen, ein Dampf, ein Wassertropfen genügen, um ihn zu töten. Doch wenn das Weltall ihn zermalmte, so wäre der Mensch nur noch viel edler als das, was ihn tötet, denn er weiß ja, dass er stirbt und welche Überlegenheit ihm gegenüber das Weltall hat. Das Weltall weiß davon nichts. Unsere ganze Würde besteht also im Denken. Daran müssen wir uns wieder aufrichten und nicht an Raum und Zeit, die wir nicht ausfüllen können. Bemühen wir uns also, gut zu denken: das ist die Grundlage der Moral.« (B. P., *Gedanken. Über die Religion und einige andere Themen*, Stuttgart 2021, S. 109 f., Nr. 200 [Lafuma].)

32,29 *Grundlegung zur Metaphysik der Sitten:* »Nun ist Moralität die Bedingung, unter der allein ein vernünftiges Wesen Zweck an sich selbst sein kann, weil nur durch sie es möglich ist, ein gesetzgebend Glied im Reiche der Zwecke zu sein. Also ist Sittlichkeit und die Menschheit, sofern sie derselben fähig ist, dasjenige, was allein Würde hat.« Immanuel Kant, *Grundlegung zur Metaphysik der Sitten*, hrsg. von Theodor Valentiner, Stuttgart 2019, S. 71.

33,2 *Cola di Rienzi:* Cola die Rienzo (1313–1354), römischer Politiker und Volkstribun, eroberte mit Gleichgesinnten das Kapitol und vertrieb den Stadtadel, regierte erfolgreich, wurde aber vom Adel mit Gewalt abgesetzt und ermordet.

Garibaldis: Giuseppe Garibaldi (1807–1882), italienischer Freiheitskämpfer, einer der bekanntesten Streiter im »Risorgimento« (›Wiedererstehung‹), einer Bewegung zur Schaffung eines zusammenhängenden italienischen Staates zwischen 1820 und 1890.

33,20 f. *Horizontverschmelzung:* Für Hans-Georg Gadamer (1900–2002) lässt sich der Vorgang des Verstehens als Verschmelzung zweier Horizonte erläutern: Man versucht, mit einem Text ins Gespräch zu kommen, indem man den eigenen Verstehenshorizont (Maßstäbe, Werturteile usw.) mit dem des Textes in Verbindung bzw. in Deckung zu bringen versucht: Das bedeute »eine Entrückung in fremde Welten, die nichts mit unserer eigenen verbindet, sondern sie insgesamt bilden den einen großen, von innen her beweglichen Horizont, der über die Grenzen des Gegenwärtigen hinaus die Geschichtstiefe unseres Selbstbewußtseins umfaßt« (H.-G. G., *Wahrheit und Methode. Grundzüge einer philosophischen Hermeneutik*, Tübingen [6]1990, S. 309).

38,31 *14. Zusatzartikel:* vgl. Section 14: »All persons born or naturalized in the United States, and subject to the jurisdiction thereof, are citizens of the United States and of the State wherein they reside. No State shall make or enforce any law which shall abridge the privileges or immunities of citizens of the United States; nor shall any State deprive any person of life, liberty, or property, without due process of law; nor deny to any person within its jurisdiction the equal protection of the laws.« (»Alle Personen, die in den Vereinigten Staaten geboren oder eingebürgert sind und ihrer Gesetzeshoheit unterstehen, sind Bürger der Vereinigten Staaten und des Einzelstaates, in dem sie ihren Wohnsitz haben. Keiner der Einzelstaaten darf Gesetze erlassen oder durchführen, die die Vorrechte oder Freiheiten von Bürgern der Vereinigten Staaten beschränken, und kein Staat darf irgendjemandem ohne ordentliches Gerichtsverfahren nach Recht und Gesetz Leben, Freiheit oder Eigentum nehmen oder irgendjemandem innerhalb seines Hoheitsbereiches den gleichen Schutz durch das Gesetz versagen.«)

39,26 *Platons Metall-Mythos:* vgl. Platon (428/427–348/347 v. Chr.), *Politeia* III,415a–c: »Gott aber, der euch schuf, hat denen unter euch, die zu herrschen befähigt sind, bei der Erschaffung Gold beigemischt, und deshalb seid ihr die Geehrtesten. Den Gehilfen aber Silber, den Bauern und allen Handwerkern Eisen und Erz. Weil ihr nun alle miteinander verwandt seid, zeugt ihr meist Kinder, die euch gleichen; doch kommt es auch vor, dass von einem goldenen Vater ein silberner Sprössling abstammt und von einem silbernen ein goldener und ähnlich auch bei den anderen. Den Herrschern befiehlt Gott zuerst und vor allem, über nichts so gut zu wachen wie über ihre Kinder und sorgfältig darauf zu achten, welches Metall ihren Seelen beigemischt ist, und wenn einer ihrer Sprösslinge Erz oder Eisen in sich hat, dann sollen sie ihn keineswegs bedauern, sondern ihn dem seiner Natur zukommenden Stand zuweisen und ihn fortstoßen zu den Handwerkern oder Bauern; wächst aber einer von diesen Ständen mit Gold oder Silber in sich heran, dann sollen sie ihn ehren und ihn in den Stand der Wächter oder Gehilfen emporführen, denn ein Götterspruch besagt: Ein Staat wird dann zugrunde gehen, wenn ein eiserner oder eherner Wächter ihn bewacht. Weißt du irgendein Mittel, den Menschen diesen Mythos glaubhaft zu machen?« (P., *Der Staat*, übers. und hrsg. von Gernot Krapinger, Stuttgart 2017, S. 144.)

43,24 *Abdullahi Ahmed An-Na'im:* *1946, sudanesisch-amerikanischer Rechtswissenschaftler.

44,13 *Damien:* Robert-François Damiens (1715–1757) wurde nach einem Anschlag auf Ludwig XV. (1710–1774), den dieser kaum verletzt überstand, öffentlich gefoltert und am Ende gevierteilt.

44,28 *Foucault:* Michel Foucault (1926–1984) beginnt seine Untersuchung im Kapitel »1. Der Körper des Verurteilten« mit der Wiedergabe detaillierter Augenzeugenberichte von der Folterung und Hinrichtung von Damien: Die Vierteilung »war sehr langwierig, weil die verwendeten Pferde ans Ziehen nicht gewöhnt waren, so daß man an Stelle von vier deren sechs einsetzen musste; und als auch das nicht genug war, mußte man, um die Schenkel des Unglücklichen abzutrennen, ihn die Sehnen durchschneiden und die Gelenke zerhacken [...]. Obwohl dieser Scharfrichter kräftig und robust war, hatte er große Mühe, die Fleischstücke mit einer Zange loszureißen; er mußte jeweils zwei- oder dreimal ansetzen und drehen und winden; derselbe Scharfrichter nahm nun mit einem Eisenlöffel aus einem Topf die siedende Flüssigkeit, die er auf jede Wunde goß [...].« M. F., *Überwachen und Strafen*, Frankfurt a. M. 1977, S. 9–12.

44,29 *Tocqueville:* 1805–1859, zitiert aus Mme de Sévignys Brief: »Sie sprechen mir recht spassig über unser Unglück; wir werden nicht mehr so oft gerädert [Form der Todesstrafe: mit gebrochenen Knochen auf ein Rad geflochten]; einer in acht Tagen, um die Gerechtigkeit aufrechtzuerhalten. Es ist wahr, daß das Erhängen jetzt als Erfrischung erscheint. Ich habe, seit ich in diesem Lande bin, einen ganz anderen Begriff von Gerechtigkeit. Eure Galeerensträflinge kommen mir wie eine Gesellschaft von Ehrenmännern vor, die sich aus der Welt zurückgezogen haben, um ein angenehmes Leben zu führen«. Tocqueville kommentiert direkt im Anschluss: »Es wäre falsch anzunehmen, Mme de Sévigné, die diese Zeilen schrieb, sei ein selbstsüchtiges und rohes Geschöpf gewesen: sie liebte ihre Kinder leidenschaftlich und nahm am Kummer ihrer Freunde äußerst mitfühlend teil; und wenn man sie liest, merkt man sogar, daß sie ihre Lehnsleute und Diener mit Güte und Nachsicht behandelt. Aber Mme de Sévigné hatte keinen klaren Begriff davon, was Leiden bedeutet, wenn man kein Edelmann ist«. Alexis de Tocqueville, *Über die Demokratie in Amerika. Zweiter Teil*, aus dem Franz. neu übertr. von Hans Zbinden, Zürich 1987, S. 247.

46,1 *Agape:* selbstlose, nichtsinnliche Nächsten- und Gottes-Liebe.

48,14 *dieses Kapitel:* Charles Taylor, »Conditions of an Unforced Consensus on Human Rights«, Erstveröffentlichung als Kap. 5 in: Joane R. Bauer / Daniel L. Bell, *The East-Asian Challenge for Human Rights*, Cambridge 1999, S. 124–144.

Was ist Religion? Über die Vieldeutigkeit eines umkämpften Begriffs

52,13 *Deismus:* Auffassung, nach der Gott die Welt zwar geschaffen hat, nach der Schöpfung aber keinen Einfluss mehr auf sie nimmt.

53,10 *Brahmo Sabha:* Reformbewegung im Hinduismus während der bengalischen Renaissance, die 1828 von Ram Mohan Roy (1772–1833) gegründet wurde und monotheistische Elemente aufnimmt. Vorläufer des Brahmo Samaj.
Brahmo Samaj: Hinduistische Reformbewegung, Nachfolger des Brahmo Sabha und bis heute existierende Religionsgemeinschaft in Indien.

54,4 *Shmuel Eisenstadt:* 1923–2010, israelischer Soziologe, der besonders für seine These einer Vielzahl von Modernen (»multiple modernities«) bekannt wurde.

54,5 *Björn Wittrock:* *1945, schwedischer Soziologe, untersuchte neben der Entstehung der Moderne die Achsenzeit-These genauer, vgl. den von ihm mitherausgegebenen Band *Axial Civilizations and World History* (Arnason/Eisenstadt/Wittrock 2004) sowie seinen Aufsatz »The Axial Age in Global History: Cultural Crystallizations and Societal Transformations« (Wittrock 2012).

54,6 *Robert N. Bellah:* 1927–2013, amerikanischer Soziologe, vgl. »The Heritage of the Axial Age. Ressource or Burden?« (Bellah 2012).

56,17 *Bhikkhu:* Pali, ›Bettler / Almosen Erbettelnder / buddhistischer Mönch‹.

59,21 *Peter van der Veer:* *1953, niederländischer Anthropologe, seit 2008 Direktor der Abteilung für religiöse Vielfalt des Göttinger Max-Planck-Instituts zur Erforschung multireligiöser und multiethnischer Gesellschaften.

62,14 *als reiner Unfug verworfen:* Augustinus (354–430) zum Beispiel, einer der großen Kirchenväter, beschäftigte sich ausführlicher mit den Auswirkungen von Magie und Zauberei, maß deren (angebliche) Wirkungen auf den Menschen aber keine allzu große Bedeutung bei. Allein für den Wunsch nach einem Pakt mit dem Teufel sollten die Menschen Buße tun.

65,3 *Grenzgebiet:* engl. *frontier*, gemeint ist damit nicht eine schmale Grenze, sondern ein Grenzgebiet, das erobert und zivilisiert wird, um sich unmittelbar im Anschluss eine neue *frontier* zu suchen. Frederick Jackson Turner (1861–1932) beschrieb diese Bewegung wirkungsmächtig als typisch für die Eroberungsbewegungen der Nordamerikaner nach Westen hin.

65,28 f. *Vier … Hauptrichtungen:* engl. *cardinal directions*, meint die vier spirituellen Wesen (*Sì Xiàng*) bzw. die vier himmlischen Embleme, die jede eine Himmelsrichtung bewachen, nämlich die Schildkröte (Schwarzer Krieger, für Norden, Winter, Schwärze und Wasser), den Weißen Tiger (Kirin, für Westen, Frühling, Weiße und Metall), den Roten Vogel (Phoenix, Süden, Sommer, Röte und Feuer) sowie den Drachen (für Osten, Frühling, Bläue bzw. Grüne und Holz).

70,22 *Milošević:* Slobodan Milošević (1941–2006), von 1989 bis 1991 Präsident der Sozialistischen Republik Serbien, von 1991 bis 1997 Präsident der Republik Serbien und von 1997 bis 2000 Präsident der Bundesrepublik Jugoslawien, 1999 nach dem Kosovo-Krieg angeklagt vor dem Den Haager Tribunal wegen Verbrechen gegen die Menschlichkeit.

70,23 *Viktor Orbán:* *1963, seit 1993 Vorsitzender der Partei Fidesz in Ungarn, wird seit seiner Wiederwahl als Ministerpräident 2010 beschuldigt, systematisch die Menschenrechte und die demokratischen Strukturen in Ungarn auszuhebeln.

70,25 *Vinayak Damodar Savarkar:* 1883–1966, indischer Politiker, entwickelte eine extrem nationalistische Hindu-Ideologie ›Hindutva‹.

70,30 f. *Theravāda-Tradition:* Pali ›Schule der Ältesten‹, die älteste Tradition des Buddhismus, die sich auf die Mönchsgemeinde der frühesten Schüler Buddhas gründet.

71,17 *Mohammad Ali Jinnah:* 1876–1946, Gründer des Staates Pakistan.

72,2 *Abdul Ghaffar Khan:* um 1890–1988, paschtunischer Freiheitskämpfer, der Gandhis Techniken des gewaltlosen Widerstandes erfolgreich anwendete.

72,3–6 *Khan setzte sich ... sein scheint:* vgl. Banerjee 2000.

72,12 *Boko Haram:* islamistische Terrorbewegung in Nigeria und umliegenden Ländern, die für die Einsetzung der Scharia und die Ermordung von Christen und Muslimen, die sich gegen sie wenden, eintritt.

73,12 *Mekka:* Stadt im westlichen Saudi-Arabien, heiligste Stätte des Islam, Geburtsort des Propheten Mohammed.

73,13 *Haschemiten:* Clan des mekkanischen Stammes der Quarisch, benannt nach dem Urgroßvater des Propheten Mohammed Hāschim ibn ʻAbd Manāf.

73,15 *Abd al-Aziz ibn Saud:* 1875–1953, erster König Saudi-Arabiens, wurde nach 1938 bzw. dem Beginn der Erdölförderung zu einem der reichsten Herrscher der Welt.

74,22 *Nilüfer Göle:* *1953, türkische Soziologin.

74,24 *Atatürks:* Kemal Atatürk (1881–1938), Begründer der Republik Türkei.

76,13 *Trumps:* Donald Trump: *1946, ehemaliger US-Präsident, der unter anderem für seine impulsiv-unüberlegten Twitter-Kommentare bekannt wurde.

77,7 *Sufismus:* Sammelbezeichnung für islamische Strömungen, die Askese und eine spirituelle Ausrichtung propagieren.

77,15 f. *Michel de Certeau:* 1925–1986, französischer Soziologe, Historiker und Kulturphilosoph.

Anmerkungen über die Ursachen von Gewalt.
Von damals bis heute

83,18 *James Gilligan:* amerikanischer Schriftsteller und Psychiater, der sich mit den Motiven und Gründen für Gewalt auseinandersetzt.

86,4 *Keegan:* John Keegan (1934–2012), britischer Journalist und Militärhistoriker.

87,22 *Entropie:* grundlegender Begriff aus dem zweiten Hauptsatz der

Thermodynamik, hier im übertragenden Sinne vereinfachend als unumkehrbare Zunahme von Unordnung.

88,16 f. *Kali-Shiva:* Kali: im Hinduismus eine Göttin des Todes, aber auch der Erneuerung. Shiva: Kalis Gefährte, der von ihr zu zerstörerischen Taten angestiftet wird und als »Bhairava« (›der Furchteinflößende‹ bzw. ›der Schreckliche‹) agiert.

89,4 *Tote auf Urlaub:* Eugen Leviné (1883–1919), ab 1919 Anführer der zweiten, kommunistischen Münchner Räterepublik; nach der Niederschlagung der Revolution wurde er verhaftet und vor Gericht gestellt. Aus seiner Verteidigungsrede stammt der Satz: »Wir Kommunisten sind alle Tote auf Urlaub.«

89,15 *Sudhir Kakar:* *1938, indischer Schriftsteller, Psychoanalytiker.

89,21 *Hedges:* Chris Hedges (*1956), amerikanischer Journalist.

89,27 f. *Hegels Dialektik von Herr und Knecht:* In einem Gedankenexperiment durchdenkt Georg Wilhelm Friedrich Hegel (1770–1831) zwei Formen des Selbstbewusstseins (die sich miteinander in einem Kampf auf Leben und Tod befinden können): Herr (»Für-sich-sein«) und Knecht (»Für-andere-sein«) sind wechselseitig voneinander abhängig. Der Knecht ist Knecht dadurch, dass er als Knecht eingesetzt wird, doch der Herr ist abhängig davon, vom Knecht als Herr anerkannt zu werden (mithin kann man den Knecht also als den eigentlichen Herrn bezeichnen). G. W. F. H., *Die Phänomenologie des Geistes*, Nachw. von Georg W. Bertram, Stuttgart 2020, S. 155 (im Abschn.: »Selbständigkeit und Unselbständigkeit des Selbstbewusstseins; Herrschaft und Knechtschaft«).

90,4 *Vendetta:* Blutrache, die Unrecht dadurch sühnen will, dass das erlittene Unrecht dem Täter zugefügt wird (»Auge um Auge«).

91,1 *Berserkers:* Berserker: ein wie im Rausch ohne Rücksicht auch auf eigene Verluste oder Verletzungen Kämpfender (mit unklarer altnordischer Wortbedeutung, vermutlich: ›ohne Waffenrock‹, nach einigen Deutungen auch ›mit einem Bärenfell als Waffenrock‹).

91,13 *René Girard:* 1923–2015, französischer Kultur- und Religionsphilosoph und Anthropologe.

91,26 *numinose:* numinos: von Rudolf Otto (1869–1937) geprägter Begriff, um den Eindruck, den das Göttliche auf uns macht, zu beschreiben (in der Doppelung aus *mysterium tremendum* ›Schauder, Furcht‹ und *mysterium fascinans* ›Anziehung‹).

93,4 *Katharsis:* verstanden als Reinigung oder Läuterung der Seele von unguten Erregungszuständen, entsprechend der *Poetik* des Aristoteles (384–322 v. Chr.).

97,29 *Tricksters:* Trickster: zwiespältiger Charakter, der mit Tricks und Listen arbeitet, um alles durcheinanderzubringen, gleichzeitig aber auf diese Weise auch die Möglichkeit für Neues schafft.

100,1 *Patria o (y) Muerte:* Wahlspruch Ernesto »Che« Guevaras (1928–1962) vor der Landung auf Kuba, um dort eine Revolution zu entfachen: »Das Vaterland – oder (der) Tod«.

100,15 *Castrismus:* Durch Fidel Castro (1926/1927–2016) nach der erfolgreichen Revolution 1959 auf Kuba verkörpertes politisches System, dass vor allem durch eine extrem zentralistisch organsierte Führung durch den »Máximo Líder« Castro, ein gleichgeschaltetes Ein-Parteien-System und rigide Planwirtschaft gekennzeichnet war.

100,29 *Völkermord in der Vendée:* Aufstand der Vendée bzw. der Aufstand der royalistisch-katholischen Landbevölkerung unter anderem des Départements Vendée gegen die Erste Französische Republik von 1793 bis 1796, mit etwa 300 000 Todesopfern.

101,13 *Edward Thompson:* Edward P. Thompson (1924–1993), politischer Aktivist und britischer Historiker.

101,23 *Verbrennung in effigie:* Verbrennung eines Bildes bzw. Stellvertreters, etwa einer Puppe.

102,11 *Danton:* Georges Jacques Danton (1759–1794), französischer Revolutionär, während der Französischen Revolution Justizminister, setzte sich gegen die Weiterführung der Terrorherrschaft ein, wurde daher als Verschwörer gegen die Revolution hingerichtet.

103,3 *Robespierres:* Maximilien de Robespierre (1758–1794), französischer Revolutionär, Politiker der Jakobiner, einer der maßgeblichen Initiatoren für die als »Verteidigung der Republik« begründete Schreckensherrschaft von 1793/94.

104,23 *Marat:* Jean Paul Marat (1743–1793), französischer Arzt, Verfasser naturwissenschaftlicher und politischer Schriften; während der Französischen Revolution rief er zur Hinrichtung amtierender Minister sowie des Königs und seiner Familie auf.

106,25 f. *Naturrechtslehre:* die davon ausgeht, dass aus der Natur des Menschen (seinen Anlagen) die Regeln für dessen Zusammenleben abzuleiten sind.

106,26 *Locke:* vgl. John Locke, *The Second Treatise on Government*, II,11: »Aus diesem Grund hat im Naturzustand ein jeder die Macht, einen Mörder zu töten [...] um die Menschen vor den Anschlägen eines Verbrechers zu sichern, der der Vernunft, der den Menschen von Gott gegebenen gemeinen Regel und Richtschnur, mit seiner an einem einzelnen verübten ungerechten Gewalt- und Bluttat entsagt hat und damit der ganzen Menschheit den Krieg erklärt hat und folglich wie ein Löwe oder Tiger vernichtet werden mag – wie eines jener wilden Raubtiere, mit denen die Menschen weder in Gesellschaft noch in Sicherheit leben können.« (J. L., *Über die Regierung*, übers. von Dorothee Tidow, mit einem Nachw. hrsg. von Peter Cornelius Mayer-Tasch, Stuttgart 1974, S. 10.)

107,12 *Direktorium:* Bezeichnung sowohl für die letzte Regierungsform im nachrevolutionären Frankreich (1795 bis 1799) als auch für das fünfköpfige Kollegialorgan, das damals die Regierungsgeschäfte führte.

107,20 *Abolitionisten:* Partei, die sich für die Abschaffung (engl. *abolish*) der Sklaverei einsetzte.

108,27 *Benedict Anderson:* (1936–2015), amerikanischer Politikwissenschaftler britisch-irischer Herkunft.

110,11 *Hobsbawm:* Eric John Ernest Hobsbawm (1917–2012), britischer Sozialhistoriker.

112,2 *Dhimma:* Institution im Islamischen Recht, die den Status von Schutzbefohlenen regelt.

114,18 *Kulaken:* Kulak: russ. ›Faust‹, im Russischen eine (abwertende) Bezeichnung für Bauern. Im Rahmen der Zwangskollektivierung der Landwirtschaft von 1928 bis 1933 unter Stalin und im Zuge des Großen Terrors wurden selbständige Bauern und ihre Angehörigen als Klassenfeinde in Arbeitslager deportiert oder erschossen.

119,4 f. *des kommenden Jahrhunderts:* Der Aufsatz erschien erstmals 1999; hier also weitergedacht: auch das 21. Jahrhundert.

122,31–123,1 *Dostojewski ... herausgearbeitet:* Gemeint ist die Wendung von der absoluten Distanzierung in die terroristische Tat: Taylor führt an anderer Stelle aus, dass Weltabgewandtheit dazu tendiere, »daß man sich in einen Circulus vitiosus [›Teufelskreis‹] einschließt. Mit der Ablehnung der Welt besiegelt man das Gefühl der Verabscheuungswürdigkeit dieser Welt und der eigenen Person, insofern sie zu dieser Welt gehört. Und daraus können nur Taten des Haßes und der Zerstörung hervorgehen«, wie Dostojewski in seinem Roman *Die Dämonen* herausgearbeitet habe: Dort werde deutlich, »wie Abscheu und Selbstabscheu, die durch die ganz realen Übel der Welt ausgelöst werden, die Projektion des Übels nach Außen schüren, so daß es zu einer Polarisierung zwischen Selbst und Welt kommt, in der nun alles Übel angesiedelt wird. Das rechtfertigt Terror, Gewalt und Zerstörung, die sich gegen die Welt richten; ja, diese scheint gerade danach zu verlangen«. Dostojewski zeige wie kein anderer, »inwiefern der Terrorismus eine Reaktion auf drohenden Selbsthaß sein kann«. Seine »Verweigerer sind ›Schismatiker‹ (*raskolniki*), die von der Welt und damit von der Gnade abgeschnitten sind. Sie können gar nicht umhin, zerstörerisch zu wirken« (Quellen des Selbst, Frankfurt a. M., 1996, S. 782 f.).

127,14 *Martin:* David Alfred Martin (1929–2019), britischer Soziologe, anglikanischer Priester.

129,22 *Inkubus:* wörtl. ›der Obenliegende‹, hier: der Alp, der auf einem liegt und Alpträume verursacht, aber auch der Satan, der sich mit der unter ihm liegenden Hexe paart und diese so einen Pakt mit ihm schließt.

134,14 f. *Übergangsphase in Polen:* Gemeint ist der sogenannte Runde Tisch, an dem in der Übergangsphase über die Demokratisierung des Landes beraten wurde (erstmals am 6. Februar 1989, mit Vertretern der Gewerkschaft Solidarność, der katholischen Kirche, der regierenden Polnischen Vereinigten Arbeiterpartei (PVAP) und anderer Gruppen).

134,15 *Michniks:* Adam Michnik (*1946), polnischer Publizist, Chefredakteur der Tageszeitung *Gazeta Wyborcza.*

136,9 *Vorachsenzeit:* vgl. Anm. 54,5 zu *Was ist Religion? Über die Vieldeutigkeit eines umkämpften Begriffs.*

137,4 *Waffenruhe Gottes:* lat. »Pax et treuga Dei«, sollte die Auswüchse des Fehdewesens verhindern und kriegerische Handlungen zu Zeiten kirchlicher Hochfeste verbieten.

138,16 *Mỹ Lai:* Massaker durch die amerikanische Armee an der Zivilbevölkerung des gleichnamigen vietnamesischen Dorfes am 16. März 1968, bei dem 504 Zivilisten getötet wurden. Die Armee versuchte lange, den »Ausflug nach Pinkville« zu verheimlichen und später herunterzuspielen.

138,17 *Abu Ghuraib:* Meist unschuldig festgehaltene irakische Insassen wurden im gleichnamigen Gefängnis gefoltert, vergewaltigt und getötet (der Fernsehsender CBS hatte 2004 erstmals über die Zustände in dem Gefängnis berichtet).

Literaturhinweise

Werke Taylors (Auswahl)

Hegel. Cambridge 1975. (Dt.: Hegel. Übers. von Gerhard Fehn. Frankfurt a. M. 1983.)

The Ethics of Authenticity. Cambridge 1991. (Dt.: Das Unbehagen an der Moderne. Übers. von Joachim Schulte. Frankfurt a. M. 1995.)

Negative Freiheit? Zur Kritik des neuzeitlichen Individualismus. Übers. von Hermann Kocyba. Nachw. von Axel Honneth. Frankfurt a. M. 1991.

Sources of the Self. The Making of the Modern Identity. Cambridge 1992. (Dt.: Quellen des Selbst. Die Entstehung der neuzeitlichen Identität. Übers. von Joachim Schulte. Frankfurt a. M. 1996.)

Wieviel Gemeinschaft braucht die Demokratie? Aufsätze zur politischen Philosophie. Übers. von Holger Fliessbach / Hans Günter Holl. Frankfurt a. M. 2001.

Varieties of Religion Today: William James Revisited. Cambridge 2002. (Dt.: Die Formen des Religiösen in der Gegenwart. Übers. von Karin Wördemann. Frankfurt a. M. 2002.)

A Secular Age. Princeton 2007. (Dt. Ein säkulares Zeitalter. Übers. von Joachim Schulte. Frankfurt a. M. 2009.)

Multiculturalism and »The Politics of Recognition«. Princeton 1992. (Dt.: Multikulturalismus und die Politik der Anerkennung. Übers. von Reinhard Kaiser. Frankfurt a. M. 2009.)

The Language Animal. The Full Shape of the Human Linguistic Capacity. Cambridge 2016. (Dt.: Das sprachbegabte Tier. Grundzüge des menschlichen Sprachvermögens. Übers. von Joachim Schulte. Berlin 2017.)

Charles Taylor / Jocelyn Maclure: Laicité et liberté de conscience 2010. (Dt.: Laizität und Gewissensfreiheit. Übers. von Eva Buddeberg / Robin Celikates. Frankfurt a. M. 2011.)

– / Hubert L. Dreyfus: Retrieving Realism. Harvard 2015. (Dt.: Die Wiedergewinnung des Realismus. Übers. von Joachim Schulte. Berlin 2016.)

– / Patrizia Nanz: Reconstructing Democracy. How Citizens Are Building from the Ground Up. Harvard 2020.

Weiterführende Literatur

Abbey, Ruth: Charles Taylor. Princeton 2000.
Breuer, Ingeborg: Charles Taylor zur Einführung. Hamburg [2]2010.
Bohmann, Ulf (Hrsg.): Wie wollen wir leben? Das politische Denken und Staatsverständnis von Charles Taylor. Baden-Baden 2014.
Kühnlein, Michael: Religion als Quelle des Selbst. Zur Vernunft- und Freiheitskritik von Charles Taylor. Tübingen 2008.
– (Hrsg.): Charles Taylor: Ein säkulares Zeitalter. Berlin 2018. (Klassiker Auslegen 59.)
– / Matthias Lutz-Bachmann (Hrsg.): Unerfüllte Moderne? Neue Perspektiven auf das Werk von Charles Taylor. Berlin 2011.
Left, James H.: A Catholic Modernity? Charles Taylor's Marianist Award Lecture. Oxford 1999.
Rosa, Hartmut: Identität und kulturelle Praxis. Politische Philosophie nach Charles Taylor. Frankfurt a. M. 1998.
Smith, James K.: How (Not) to Be Secular. Cambridge 2014.
Tully, James /Weinstock, Daniel M. (Hrsg.): Philosophy in an Age of Pluralism: The Philosophy of Charles Taylor in Question. Cambridge 1995.
Zemnin, Florian [u. a.] (Hrsg.): Working with A Secular Age. Berlin/ Boston 2016.

Nachwort: Die Drift des Verstehens. Charles Taylors Werk – Über Menschenrechte, Gewalt und Religion in einer globalisierten Welt

Die Vernunft erlebt unruhige Zeiten. Wer sich heute noch unvorsichtigerweise auf sie bezieht, begibt sich in Gefahr. Doch warum ist Vernunft in der Welt kein universaler bzw. integrierender Faktor mehr? Warum erstarken die Taliban? Warum driften europäische und andere Staaten anscheinend unaufhaltsam in Richtung Diktatur? Die Universalisierungstheoretiker wissen jedenfalls keinen rechten Rat, ihr Narrativ, ihre Geschichte geht ja anders: Da setzt die autonome Vernunft, einmal entdeckt, einen sozial-evolutionären Rationalisierungsprozess in Gang, der die beste aller möglichen Welten mit den weltlich-säkularen Skills der liberalen Demokratie versieht. In dieser Perspektive verspricht die Welt volle metaphysische Transparenz, eben weil ihr Geheimnis der Freiheit von unabhängigen Experten gelüftet wurde und nicht auf bloßen Erfindungen wie der Religion beruht, die ihre Wahrheit lieber durch transzendente Autoritäten verwaltet sieht als sie dem Menschen endgültig zu überantworten.

Doch wissen wir Experten von liberalen Super-Erzählungen, warum diese schöne Vorstellung eines »ewigen Friedens« (Kant) auf so wenig Gegenliebe stößt, ja sogar Hass und Gewalt provoziert, nur wenig Bescheid. Wir spielen in dieser Frage eher auf Zeit, weil wir gegenwärtig damit beschäftigt sind, die Erzählrisse vor allem im eigenen Haus zu kitten. Denn wie soll die Idee einer allgemeinen Menschenrechtskultur überhaupt transportabel erscheinen, wenn sie nicht einmal dem inneren Druck populistischer Gegenerzählungen Stand hält? Ein bestürzendes Beispiel für das versiegende Charisma einer moralischen Universalitätskultur bildet hierfür die Polemik gegenüber dem UN-Migrationspakt, der nicht einmal mehr einstimmig verabschiedet werden konnte, weil die großen Nationen und historischen Freiheitsbürgen einfach weggefallen sind.

Taylor bietet eine unbequeme Antwort. Er sieht die Bemühungen der Vernunft insofern als gescheitert an, als sie über keinen Metastandpunkt verfügt, der es ihr gestatten könnte, von einer quasi unbeteiligten Außenperspektive aus auf die Entwicklungen der Welt zu schauen. Er warnt deshalb davor, die narrative Identität des Westens prototypisch zu überhöhen und auf die übrige Welt übertragen zu wollen, so als ob es sich hier um eine gemeinschaftliche Erzählung handelt, an der alle teilhaben könnten, wenn sie es nur wollten – denn in Wirklichkeit stellt sie, so Taylor, nicht eine objektiv andere, sondern bloß eine Erzählung unter vielen anderen dar. Damit macht Taylor auf einen blinden Fleck innerhalb der säkularen Heilserwartung aufmerksam; denn ihre Geltung ist mitnichten so neutral, wie sie uns erscheint. Selbst in den allerbesten Momenten der Welterklärung repräsentiert ihre Geschichte nicht eine unabhängige Welt menschlicher Erfahrungen, sondern sie ist Ausdruck einer vorgängigen Welterschließung, die das erzählende Subjekt immer mit artikuliert. Die Welt offenbart nicht, wie sie an sich zu verstehen ist; sie ist vielmehr das, was sie uns am besten bedeutet. Keine Erzählung bringt daher Welt rein neutral zur Sprache; sie ist immer schon eine Vor-Verständigung über das, was perspektivisch für die Welt als wertvoll angesehen wird.

Eine solche Erzählung kann ihren unmittelbaren Bedeutungskontext nie zur Gänze abstreifen; und deshalb sind auch die fundamentalistischen Konterrevolutionen für Taylor nicht weiter verwunderlich: Denn wenn sich das Besondere einer Tradition für das Allgemeine hält, dann schleicht sich im Diskurs der Kulturen leicht eine Selbstgefälligkeit ein, die anderen als Identität zumutet, was man selbst (so hofft man wenigstens) schon erfolgreich angenommen hat. Doch:

> [j]e mehr die Darstellung oder der Versuch einer Einflussnahme von außen als Pauschalverurteilung oder Verachtung der Tradition verstanden wird, desto mehr setzt sich tendenziell die Dynamik eines ›fundamentalistischen Widerstands‹ gegen jede Neubestimmung in Gang, und desto schwerer wird es, einen freiwilligen Konsens zu finden. (S. 42.)

Menschenrechte

Gleichwohl hält Taylor einen Konsens in Menschenrechtsfragen für prinzipiell möglich, so lange dieser eben nicht die kulturell zwangsläufig überschießenden Hintergrundannahmen minimiert. Ihm schwebt also prinzipiell »ein übergreifender Konsens« im Sinne von Rawls vor, der die Möglichkeit einer Normenübereinkunft vorsieht, ohne dabei die Differenzen in den kulturellen Herkunftsontologien zu leugnen. Wie bewerkstelligt man das aber, ohne einen Ablehnungsfuror in Gang zu setzen, wie ihn Taylor beschrieben hat und der nach weltanschaulicher Gefolgschaft, nach Freund und Feind, unterscheidet? Ein erster Schritt auf dem Weg zur gegenseitigen Verständigung ist das Eingeständnis, dass der Diskurs der Menschenrechte in einer westlichen Kultur verwurzelt ist, die ein bestimmtes philosophisches Bild von einem freien Subjekt privilegiert. Dieses Rechtsmodell ist jedoch nicht beliebig und universal exportierbar, weil es z. B. mit einem konfuzianisch geprägten Rechtsverständnis kollidiert, das dem Erhalt des Gemeinwesens den Vorzug vor den Interessen des Individuums gibt. Dort spiegelt sich die Überzeugung wider, dass die Individuen einander etwas schulden und nichts die Auflösung der sozialen Solidarität gefährden dürfe. Kurz: Auf dieser Ebene der institutionellen Auseinandersetzung ist jedenfalls ein Konsens über Menschenrechte nur schwerlich denkbar, wenn dieser nicht durch Gewalt erzwungen werden soll.

Aus diesem Grund plädiert Taylor für eine größere Entkopplung von Rechtsform und philosophischer Begründung, um die Eigendynamik kultureller Besonderheiten bei der Hervorbringung von Menschenrechten stärker zu betonen. Er setzt damit konsequent die Einsichten seiner Sprachphilosophie um, deren Welterschließungszugang ja ein alles überschreitender, ein transzendierender Zug innewohnt, insofern Traditionen immer wieder kreativ weiterentwickelt werden müssen, um neue Erfahrungen z. B. des politischen Vertrauens in eine gemeinsame Bedeutungspraxis des Guten überführen zu können. Dieses gesellschaftliche Vertrauen ist dann nicht mehr zwingend an die Vorstellung einer starken Identität gebunden, deren Freiheit sich über politisches Engagement und Teilhabe zum Ausdruck bringt, sondern es kann auch durch das königliche Charisma einer moralischen Autorität entsprechend routinisiert werden, wie Taylor am Beispiel des thailändischen Herrscherhauses aufzeigt. Andere kreative Anknüpfungspunkte für die Entwicklung einer Philosophie der Menschenrechte sieht Taylor z.B. in der buddhistischen Lehre der Gewaltlosigkeit oder in den theologischen Barmherzigkeitsvorstellungen des Islam. Allen diesen Traditionen ist gemeinsam, dass sie sich mit der Idee der Menschenrechte auf der Basis ihrer gemeinschaftlichen Artikulationen des Guten verbinden können, ohne dafür Identität und spirituelle Heimat aufgeben zu müssen:

> Dies vermittelt uns vielleicht eine Vorstellung davon, wie ein freiwilliger Weltkonsens über Menschenrechte aussehen könnte. Einigung auf Normen ja, doch ein tiefgreifendes Gefühl der Differenz, der Unvertrautheit in Bezug auf die Ideale, den Vorstellungen von menschlicher Vortrefflichkeit, den rhetorischen Sprachbildern und Bezugspunkten, durch die diese Normen Gegenstand tiefer Verpflichtung für uns werden. In dem Maße, wie wir uns nur mit Menschen einverstanden erklären können, die das ganze Paket teilen und von denselben Helden bewegt werden wie wir, wird der Konsens entweder niemals zustande kommen oder aber erzwungen werden müssen. (S. 33.)

Ist dieser konsensuelle Ausgangspunkt einmal erreicht, so hofft Taylor auf weitere Lernprozesse im Kontext eines wechselseitigen Verstehens, die im Sinne einer Verschmelzung der verschiedenen Verstehenshorizonte vielleicht auch die Fremdheit in den Artikulationen des anderen allmählich verblassen lassen könnten. Allerdings sieht Taylor die Gefahr, dass ein rein durch Differenz spartanisch geformter Konsens in seinen Absichten bedroht und zufällig bleiben könnte. Denn es gibt auch Situationen und Erfahrungen von fundamentaler Ungleichheit, die der kulturübergreifenden Etablierung der Menschenrechtsidee entgegenstehen. Doch verweist Taylor auch in diesem Zusammenhang darauf, dass wir diese Konflikte nicht von einem neutralen Standpunkt aus betrachten können, um nicht eine Spirale aus Gewalt und Verachtung loszutreten; vielmehr setzt die Überwindung dieser Differenzen ein tiefes Verständnis ihres Gewordenseins voraus, die von der Hoffnung lebt, dass durch wechselseitige Verstehensprozesse kreative Artikulationen angeregt werden, die die Idee der Gleichheit mit dem kulturell überlieferten Ausdrucksrepertoire des Guten auf eine tiefere Art und Weise miteinander verbinden können. Denn

> [i]m Gegensatz zur Meinung vieler Menschen wird eine weltweite Einigung nicht durch einen Verlust oder eine Ablehnung aller umliegenden Traditionen zustande kommen, sondern vielmehr dadurch, dass verschiedene Gruppen sich wieder kreativ in ihr jeweiliges eigenes spirituelle Erbe vertiefen, und auf verschiedenen Wegen zum selben Ziel gelangen. (S. 50.)

Religion

Es ist unschwer zu erkennen, dass die Religion in Beziehung auf ihre Gewaltverstrickung politisch gesehen eine große Bedeutungsvielfalt aufweist bzw. polysem ist. Damit beschäftigt sich der zweite Beitrag von Taylor in diesem Band. Taylor interessiert sich in diesem Zusammenhang besonders für zwei unterschiedliche Dynamiken in der politischen Mobilisierung von Religion: Im ersten Fall stellt sie ein effektives Mittel dar, um den Protest gegen eine ungerechte oder ungewollte gesellschaftliche Entwicklung in einen authentischen Selbstausdruck zu kleiden. Damit kommt aber die Religion nur instrumentalisierend ins Spiel; sie kann von weltlichen Zielsetzungen dirigiert werden, die sie lediglich dafür einsetzen, die Agenda einer säkularen Werteunion zu verschleiern. Der zweite Fall ist hingegen ethisch komplexer, weil hier die Mobilisierung der Religion selbst politisch wird. An dieser Stelle, so Taylor, drückt sich eine zunehmende Verengung der religiösen Identität in Richtung auf eine politische Theologie aus, die alles der Reinheit des Ursprungs unterwerfen möchte. Ständig kämpft sie »gegen die Identität anderer, und ständig reinigt sie die eigene Identität in Bezug auf andere« (S. 74).

Für Taylor kann also das, was Religion bedeutet oder bedeuten kann, nicht nach einem Standardmuster festgelegt werden; vielmehr lösen unterschiedliche Dynamisierungseffekte unterschiedliche spirituelle Verluste und Gewalterfahrungen aus, je nachdem, ob sie strategisch oder politisch-theologisch mit der religiösen Identität verknüpft sind. Damit lassen sich aber idealtypische Annahmen über den Verlauf der Religion in der Moderne nicht mehr rechtfertigen, denn sie müssen notwendigerweise von den Verkörperungen des Guten abstrahieren, um zu allgemeingültigen Schlüssen gelangen zu können. Diese Bedeutungsvielfalt bzw. diese Polysemie zeigt sich, so Taylor, auch im historischen Vergleich mit anderen Weltreligionen: Im nachachsenzeitlichen Kontext ist es nämlich nicht mehr möglich, westliche Unterscheidungsmerkmale von Religion, Magie, Spiritualität und Säkularität einfach auf andere Kulturen zu übertragen, weil sich ihre ursprünglichen Bedeutungsdimensionen gleich mit verwandelt haben.

Gewalt

Ähnlich wie die Etablierung der Menschenrechtsidee nicht von spiritueller Diversität zu trennen ist, ist für Taylor auch die Frage der Gewalt nicht allein auf Religion oder das Heilige zurückzuführen. Gewalt bleibt vielschichtig, und sie tritt in der Moderne unter vielen Gesichtern auf. Aber wie lässt sich dieses Auftauchen von Gewalt überhaupt erklären? Welche Bedeutung kann es haben, dass Menschen andere Menschen töten? Um diese Frage zu beantworten, analysiert Taylor moderne, durch Gewalt geprägte Beziehungen und greift dabei auf wesentliche Einsichten von René Girards (1923–2015) mimetischer Konfliktanthropologie zurück. Für Girard ist jeder Vorgang der Hervorbringung von Ordnung konfliktreich; er wird durch einen Sündenbock-Mechanismus reguliert, der den Hobbes'schen Kampf eines jeden gegen jeden in einen Kampf aller gegen einen verwandelt. Ausgrenzung wird somit zum Motor im

Hervorbringen der gemeinschaftlichen Ordnung: Die durch mimetische Rivalitätskonflikte erzeugten Spannungen werden abgebaut, indem ein Opfer gefunden wird, das für das herrschende Chaos und die Zerstörung verantwortlich gemacht werden kann. Dieser gewaltsam erzwungene Akt der stellvertretenden Schuldübernahme wirkt nach innen in die Gemeinschaft hinein reinigend-kathartisch: Er führt deshalb zu einer Stabilisierung der Ordnung, weil das Böse aus ihrem Zentrum vertrieben worden ist; und nach außen hin entlastet die auf das Opfer angesetzte Verfolgung die Verfolger, weil der Sündenbock allein als schuldig gilt. An dieser Sündenbock-Theorie schließt Taylor im Folgenden an, um die durch die moderne rationale Ordnung produzierten Ausgrenzungsmechanismen besser zu verstehen:

> Wir können den Sündenbock-Mechanismus möglicherweise als einen Konvergenzpunkt zweier Strukturen begreifen, nämlich erstens von der Reaktion, dass wir uns selbst vergewissern, dass wir gut sind und die Ordnung wahren, indem wir einen Gegenpart bestimmen, von dem wir uns abgrenzen. Wir ziehen eine Linie zwischen uns. Das ließe sich ausdrücken anhand von Reinheit/Verunreinigung, also als Gegensatz der Selbstbestätigung. Das zweite Moment besteht in Stärke und spiritueller Kraft, die immer dann auftritt, wenn wir uns mit der numinosen Gewalt identifizieren, mit der Gewalt der Götter – und zwar identifizieren wir uns auf aktive Weise, in Form von heiligen Massakern. (S. 96.)

Dieser Mechanismus des heiligen Tötens bleibt für Taylor aber nicht auf die religiöse Geschichte der Kreuzzüge oder den christlichen Antisemitismus beschränkt; vielmehr greift ihre numinose Logik auch auf die moderne Ordnung der Moral über, wie er anhand historischer Analysen aufzeigt, die vom jakobinischen Gesinnungsterror der Französischen Revolution über die abolitionistische Bewegung des Amerikanischen Bürgerkriegs bis hin zu den Nationalismen der Gegenwart reichen. In all diesen Fällen stehe eine bedrohte Ordnung im Mittelpunkt, die, um sie zu verteidigen, die tugendhafte Säuberung von inneren und äußeren Feinden verlangt. Gewalt wird somit sublimiert und dadurch als Gewalt unkenntlich gemacht, weil sie stets nur auf Feinde und Minderheiten gerichtet bleibt, die in ihrer Existenz das schlichtweg Andere, das Böse verkörpern.

Doch belässt er es interessanterweise nicht bei dem Phänomen einer moralisch gesteuerten Gewalt; vielmehr will er selbst in den modernen institutionellen und sozialen Einhegungsprogrammen von Gewalt »verschiedene Formen von Verachtung und Ausgrenzung« erkennen (S. 120.). Die moderne moralische Ordnung produziert auch dann latente Formen des Hasses, wenn sie das Ungreifbare, das Numinose der Gewalt unter ihre Kontrolle zu bringen versucht. Der Gewalt ist somit allein durch Rationalisierung nicht beizukommen, wie Taylor meint. Ein Beispiel hierfür ist die therapeutische Einstellung gegenüber dem Bösen, die das allgegenwärtige Moralisieren in ein allgegenwärtiges Pathologisieren verwandelt und dadurch gerade Formen abschätziger Distanznahme ermöglicht:

> Es liegt hier also eine Parallele vor zu der früheren Vorgehensweise, den Außenseiter als Gegenpart zu definieren: als eine andere Spezies, als Wilden. Die Außenseiter existieren in einem anderen Raum, hinter einer Wegbiegung, dort, wo sie auf keinen Fall unsere Gesprächspartner sein können. (S. 122.)

Darüber hinaus kann der neuzeitliche Vorgang einer Distanzierung, wie Taylor an gleicher Stelle sagt, noch andere – teilweise auch entgegengesetzte – Formen des Hasses hervorbringen. Die therapeutische Zähmung bzw. Domestizierung des Numinosen droht, jene vitalen Ausdrucksformen des Lebens zu nivellieren, von dem jede menschliche Größe weicht. Übrig bleibt eine unstillbare Sehnsucht nach Krieg und Heroismus, die sich dann auch für faschistische Gewaltrituale leicht instrumentalisieren lässt.

Wie lässt sich also Gewalt bezwingen? Taylor neigt dazu, die Antwort auf diese Frage jenseits der grundsätzlichen Forderungsexpansion nach mehr Religion oder nach mehr Humanismus zu suchen. Denn beide sind selbst mit dem Virus der Gewalt infiziert, können also nicht gleichzeitig Ursache von Gewalt sein und Gewalt bekämpfen. Die Sympathien für die Theorie Girards sind zwar offenkundig, doch die mimetisch ausdifferenzierte Kultur des Sorgens ist nach Taylor selbst nicht vor Gewaltumschwüngen gefeit: Die Sorgestruktur kann nämlich ebenso dazu benutzt werden, das Leid des Opfers zu erhöhen, um seine Reinheit gegenüber dem Täter zu bestätigen. Und letztendlich scheint auch der Aufbau von demokratischen Gemeinwesen nicht immun zu sein gegenüber der reinigenden Kraft des Sündenbock-Mechanismus. Doch selbst dann, wenn es kein Allheilmittel gegen Gewalt geben sollte, weil sie zu sehr in die Metaphysik unseres Denkens und Urteilens über Gut und Böse verflochten ist, so gibt es doch für Taylor punktuelle Handlungsmöglichkeiten, ihr zu entkommen, nämlich dann, wenn man

> auf das durch Leiden erworbene Recht bzw. genauer gesagt auf das Recht des Unschuldigen verzichtet, den Schuldigen zu bestrafen, auf das Recht des Opfers, den Täter einer Reinigung zu unterziehen. Diese Handlungsweise stellt das genaue Gegenteil der instinktiven Verteidigung unserer gerechten Sache dar. Man könnte sie als Vergebung bezeichnen, doch fußt sie auf einer tieferen Ebene, auf der Erkenntnis, dass die Menschheit fehlbar und gewöhnlich ist. (S. 132.)

Taylor denkt hier vor allem an beispielgebende Persönlichkeiten wie Nelson Mandela (1918–2013) oder den Dalai Lama (*1935), die eine bewusste Abkehr von ihrer Opferrolle vollzogen haben, um nicht den Gedanken der Abrechnung, sondern den Gedanken der Versöhnung in die Herzen ihrer Mitmenschen zu platzieren. Gewalt lässt sich somit nicht systemisch beenden, sondern jeweils nur in einem bestimmten Zusammenhang außer Kraft setzen. Daraus eine allgemeine Regel machen zu wollen, würde bedeuten, die religiösen Traditionen des Erbarmens zu verfälschen.

Auch vor diesem Hintergrund zeigen Taylors Analysen eindringlich, dass die Diskurse über Menschenrechte, Religion und Gewalt keine einfachen Lösungen zulassen. Wir sind zur Komplexität verurteilt.

Zum Autor

1931	CHARLES TAYLOR, geboren am 5. November in Montreal, wuchs zweisprachig auf
	Studium der Geschichte an der McGill University in Montreal
	Studium der Philosophie, Politik- und Wirtschaftswissenschaften an der University of Oxford
	Dissertation: *The Excplanation of Behaviour* (1964 veröffentlicht)
1962	Professor für Politikwissenschaft und Philosophie an der McGill University und der Université de Montréal
1976–1981	Professur für Soziale und Politische Theorie an der Universität Oxford
1982	Rückkehr nach Montreal, McGill-Universität
2002	Professur für Recht und Philosophie an der Northwestern University in Evanston (Illinois)
	Gastprofessuren u. a. in Kingston, Princeton, Berkeley, Delhi, Tübingen, Frankfurt am Main und Jerusalem
2005	Berliner Wissenschaftskolleg
	Senior Fellow am Potsdamer Institute for Advanced Sustainability Studies

Preise

Hegel-Preis (1997), Josef-Pieper-Preis (2004), Templeton-Preis (2007), Kyoto-Preis (2008), Bruno-Kreisky-Preis für das Buch *Ein säkulares Zeitalter* (2010), Kluge-Preis (2015, gilt als Nobelpreis für Philosophie) gemeinsam mit Jürgen Habermas, Alfons-Auer-Preis (2015), Berggruen-Prize (2016)